AF242237

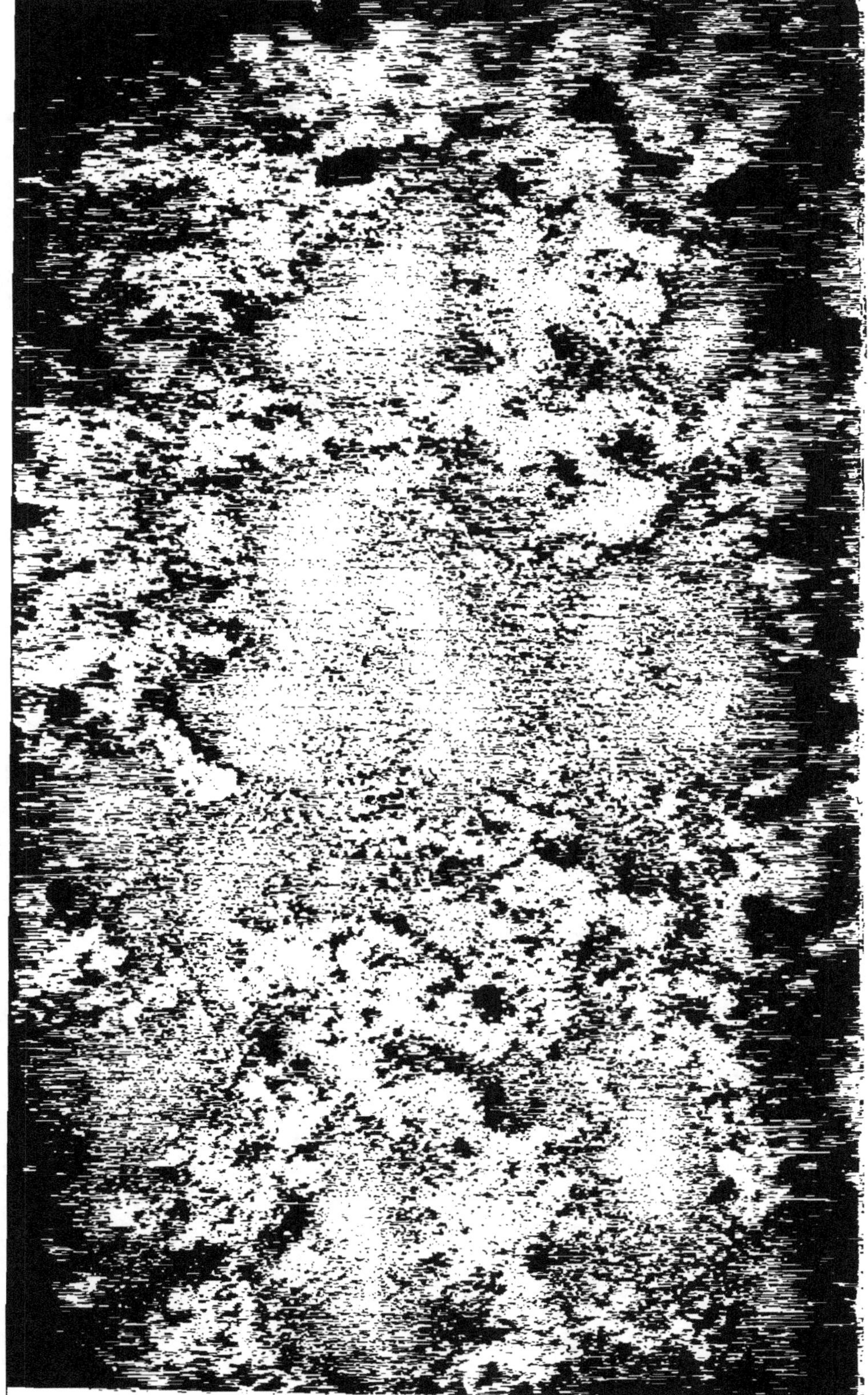

ÉLIE SORIN

LA
VIE POLITIQUE
EN PROVINCE

ÉTUDE SUR G. BORDILLON
SUIVIE D'UN CHOIX DE SES LETTRES

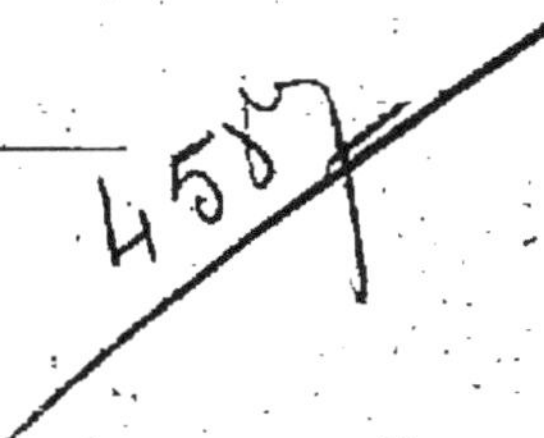

PARIS
CHEZ TOUS LES LIBRAIRES

LA
VIE POLITIQUE
EN PROVINCE

PARIS. — IMP. SIMON RAÇON ET COMP., RUE D'ERFURTH, 1.

ÉLIE SORIN

LA
VIE POLITIQUE
EN PROVINCE

ÉTUDE SUR G. BORDILLON

SUIVIE D'UN CHOIX DE SES LETTRES

PARIS

CHEZ TOUS LES LIBRAIRES

1868

A LA MÉMOIRE

DE A. FRESLON

AVOCAT

MINISTRE DE L'INSTRUCTION PUBLIQUE ET DES CULTES

———————

Les anciens unissaient dans une même urne les morts qu'avait unis une même amitié.

Ils leur rendaient ainsi un commun hommage.

La pensée, qui inspirait cette coutume des anciens, a dicté cette dédicace.

E. S.

LA
VIE POLITIQUE
EN PROVINCE

G. BORDILLON

> Son cœur battait sur le cœur du peuple et le cœur du peuple battait sur le sien.
>
> (LAMENNAIS, *Paroles d'un croyant.*)

C'est par la vie municipale, par l'activité indépendante et intelligente de nos villes de province que doit être développée et, espérons-le, définitivement affermie la liberté dans nos institutions politiques. Peu d'esprits soutiendraient le con-

1

traire parmi ceux qui ont souci de ce grave problème.

Il faut l'avouer cependant, l'apprentissage du *gouvernement par soi-même* que la nation entière n'a pas su achever en soixante-dix-huit ans de luttes, nos provinces, considérées isolément, l'ont achevé moins encore.

Ce n'est pas qu'à de certaines heures, çà et là, elles ne manifestent leurs vœux, leurs inquiétudes, leurs colères ; mais, dans ces agitations, on retrouve plutôt le caractère de la passion accidentelle, que l'expression d'une foi politique acquise par la raison et soutenue par des efforts logiques et persévérants.

La province parle parfois de la liberté : en réalité, elle la craint plus qu'elle ne la souhaite ; elle se tient en défiance contre le *principe*, alors même qu'elle se prend à désirer la *conséquence :* elle ne cherche qu'un avantage matériel et momentané, dont elle ignore trop la source intime et immuable ; elle apprécie parfois la liberté comme *fait*, elle ne l'admet pas encore comme *dogme.*

C'est que, dans nos départements éloignés, chaque jour n'amène pas, comme à Paris, un choc d'idées nouvelles dans la philosophie, de faits nouveaux dans les sciences, un tourbillon de livres, d'études, de discussions, et tous ces mille remous des âmes qui soulèvent plus irrésistiblement une société que les plus fortes vagues ne soulèvent un vaisseau.

Un nombre assez restreint d'initiés, au sein des villes de province, ont l'intelligence complète des événements dont le contre-coup se fait sentir autour d'eux ; ceux-là peuvent juger par quels liens invisibles l'idée qui fermente là-bas correspond au fait qui se produit ici. De ce rapprochement et des vues qu'il leur suggère sur la corrélation à maintenir entre le foyer central et le foyer local, naît pour eux un grand devoir, que je définirai en disant qu'ils *ont charge de cité.*

Ce livre est consacré au souvenir d'un homme qui avait compris ce devoir, et qui n'y a jamais failli : il a été pendant quarante ans, dans sa ville natale, un bon citoyen.

J'offre à ses compatriotes le récit de sa vie et quelques-unes de ses lettres ; en composant ce volume, je n'ai pas seulement cédé à un sentiment inspiré par des liens de famille et par l'amitié ; j'ai voulu, autant que la tâche n'était pas au-dessus de mes forces, faire un acte utile et consciencieux : je ne crois pas me tromper en disant que G. Bordillon fut un rare esprit et un grand caractère : c'est donc œuvre bonne de maintenir sa mémoire chez ceux qui l'ont connu et de le faire connaître à d'autres.

I

Grégoire Bordillon naquit à Angers le 13 décembre 1803.

L'époque, le lieu où se développent les premiers sentiments et les premières pensées d'un
homme comptent pour beaucoup dans le cours
de son existence. Puisque nul de nous n'échappe
à cette influence, qu'on pourrait appeler notre
consanguinité avec le temps et le sol qui nous
voient naître, je pense que les intimes détails sur
la vie d'enfance doivent être recueillis.

Bordillon naissait à Angers alors que depuis
dix ans la République française et la réaction
royaliste avaient tour à tour fait passer dans les

murs de cette ville les Vendéens de Cathelineau
et les Mayençais de Kléber; que le sang avait
coulé sur ses places par l'échafaud, sur ses rem-
parts par le canon.

La cité, dans ces luttes terribles des armées et
des partis, avait justifié son antique blason;
elle avait été la *clef* stratégique des régions de
l'Ouest[1] : elle pouvait ouvrir à la République les
provinces rebelles; elle pouvait être pour celle-ci
une barrière contre la Révolution.

De ces douloureux conflits est resté dans
l'Anjou un trop durable souvenir, on y a dit
longtemps : « Les blancs sont les blancs et les
bleus sont les bleus. » Lorsque Bordillon naquit,
il existait encore des haines, et, depuis sont
demeurées bien des défiances réciproques.

Un des premiers jouets de cet enfant fut un
boulet vendéen, gardé dans la maison paternelle
depuis le jour où le lit de son aïeul en avait été
fracassé pendant le siége d'Angers. Et cette
demeure (un pittoresque logis du seizième siè-

----

[1] L'écusson de la ville d'Angers porte une clef en pal sur
champ de gueules.

cle, bâti et resté isolé sur le pont de la ville)
se trouvait à deux pas d'une rue dont le nom
avait été dicté par un décret de la Convention :
elle s'appelait rue Beaurepaire.

Souvenirs de la guerre civile, souvenirs des
combats de l'indépendance, Bordillon allait
grandir sous ces impressions ; elles étaient celles
d'un autre enfant, depuis son ami, et l'une des
gloires de la cité, David d'Angers.

Les aspects extérieurs de la patrie parlaient
fortement au cœur de Bordillon : il pouvait
épeler sur mille traces qu'il retrouvait autour
de lui, ouïr par mille propos dont l'air était
plein, le récit des dix années qui venaient de
s'écouler, et apprendre ainsi une histoire sans
égale, que nul n'avait encore écrite, mais que
tous avaient faite, — l'histoire de la Révolution.

Il lui venait d'autres inspirations d'une source
plus haute ; la famille était là, honnête, humble
de position et laborieuse.

Le père était un ouvrier poêlier-chaudronnier.
Il avait le cœur et le sens droits. Bordillon, à
bien des années de distance, rappelait volon-

tiers le rude et vulgaire métier de cet excellent homme avec la bonne humeur attendrie que mettait Diderot dans ses lettres quand il parlait de son père le coutelier de Langres.

Avant de se marier et de tenir sa boutique du pont d'Angers, l'ouvrier poêlier s'était fait soldat, et il avait été du nombre des volontaires de Maine-et-Loire qui défendirent à la frontière *la patrie en danger*.

Revenu chez lui, il avait gardé le culte de la Nation, de cet être idéal, si réel aux yeux de tous en de certains jours, et que les hommes d'alors semblent avoir vu s'élancer comme la déesse qui dans le bas-relief de l'arc de triomphe plane au-dessus des armées et les entraîne en son invincible essor.

« On conservait religieusement chez nous, dit Bordillon dans une de ses lettres à son compatriote et ami Freslon, la médaille de cuivre qu'avait rapportée en 1790, de la fête de la Fédération, un vieux cousin député de la garde nationale d'Angers, qui trois ans plus tard mit bravement sa foi en œuvre, car il se fit tuer au

Pont-Barré le 19 septembre 1793 à la tête de sa compagnie, dont il était capitaine, et durant toute ma jeunesse j'ai entendu chanter dans la boutique de mon père :

> Le quatorze de juillet
> Saint Bonaventure,
> C'est le saint qu'avec respect
> Fête la nature.
> De la Fédération
> Qu'il devienne le Patron !
> La bonne aventure, ô gué !
> La bonne aventure ! »

A ces traditions de patriotisme instinctif et de foi civique un peu naïve, les causeries d'un oncle maternel, demi-savant et demi-lettré, ajoutaient un commencement d'éducation philosophique fort incomplet, mêlé de froids axiomes et de vagues théories, mais capable cependant de faire impression sur l'esprit curieux du jeune Bordillon et de lui apporter une lointaine révélation des problèmes agités dans le siècle qui venait de s'écouler.

Trois femmes, sa mère et deux tantes, sœurs de son père, donnaient aussi à l'enfant leur enseignement, dont la trace moins accusée n'en est pas moins demeurée visible durant tout le reste de sa vie. Madame Bordillon, nature fine, délicate, par ses qualités élégantes était recherchée dans quelques cercles supérieurs à la sphère sociale où elle vivait le plus habituellement : sans y avoir rien perdu de sa simplicité native, elle en avait rapporté et elle avait répandu autour d'elle le goût des distractions intelligentes : elle aimait la musique et chantait bien. Elle était la figure poétique de cette demeure, et sous le charme en elle on trouvait la bonté.

Les deux tantes, qu'animait au fond une même inspiration religieuse et charitable, présentaient en apparence un contraste de caractères et d'allures, qui, s'il ne contredisait ni chez l'une ni chez l'autre les qualités évangéliques, rappelait toutefois le désaccord extérieur de Marie, l'âme contemplative, et de Marthe l'agissante volonté.

La plus jeune apportait dans la vie une sorte de méditation constante et résignée, douce aux autres et à elle-même ; l'aînée heurtait de front

les obstacles ; elle avait la rudesse du bien, la ri-
gueur d'une droiture puritaine ; avec sa parole
impérieuse et incisive, c'était un *tribun* de la
bienfaisance, sous lequel, il faut le dire, on reconnaissait vite une brave femme.

Bordillon dut à sa mère une éducation religieuse dont il se ressentit toujours. Quand plus
tard, parvenu à l'âge d'homme, les croyances
de ses premières années ne répondirent plus aux
besoins nouveaux de sa raison et de sa conscience, il ne fit que passer du christianisme au-
toritaire à un christianisme indépendant ; tout
en parcourant avec pleine hardiesse le champ des
problèmes modernes, il ne supposa pas qu'ils
pussent contredire l'enseignement moral du Christ
dont les préceptes lui avaient appris les droits de
la société humaine, libre et fraternelle.

Les couches intimes de son cœur avaient été
remuées : les généreux instincts y avaient été
semés : une éducation plus savante que celle de
la famille allait la compléter et en mener les fruits
à pleine maturité.

II

Les études arides des premières années de collége contrarièrent d'abord les élans vagabonds de cette vive nature, où l'imagination dominait alors aux dépens des autres facultés : longtemps l'esprit de Bordillon parut se refuser à l'application persévérante.

Pendant cette période, qui vit commencer son adolescence, l'écolier s'éprit d'une vive passion, à laquelle l'homme mûr, mêlé aux préoccupations les plus sérieuses de la politique, demanda les distractions favorites de ses instants de loisir : il aima les oiseaux avec une sorte de tendresse dont on sourirait peut-être, et qu'il serait tout au moins superflu de mentionner, si divers passages des lettres contenues dans ce volume ne révélaient le côté sérieux et intelligent d'un goût frivole en apparence.

Bordillon, sans être l'amateur de la Bruyère, qui *commence par un oiseau et finit par mille*, avait avec lui plus d'un trait de ressemblance, et il le confessait en plaisantant de la meilleure grâce ; mais au caprice du collectionneur, admirateur enthousiaste de ses hôtes emplumés, serviteur complaisant de tous leurs goûts et de toutes leurs fantaisies, se joignit par degrés la recherche ingénieuse de leurs mœurs, de leur utilité, des emplois que la nature leur a donnés pour collaborer à son œuvre ; l'enfant, rebelle aux leçons des livres, comprenait les leçons des oiseaux : il aima ces gracieuses bêtes comme les ont aimées de grands esprits, Toussenel, Michelet, qui n'ont pas cru faire l'école buissonnière en se préoccupant de la politique des bocages après s'être préoccupés de la politique des cités.

Deux camarades de collège partageaient ses

chasses d'oiseleur ; ils y puisèrent le goût des sciences naturelles, auxquelles ils durent depuis leur réputation ; c'étaient les frères Bérard, dont l'un fut professeur et l'autre doyen de la Faculté de médecine de Paris.

Lorsqu'il fut parvenu aux classes d'*humanités*, Bordillon se transforma tout à coup : il avait entrevu le beau, là où il n'avait encore rencontré que l'ennui ; il ne renonça pas aux *brestes* matinales sur les coteaux de la Maine, mais il s'initia aux veillées graves et studieuses. Ses efforts l'eurent vite placé au premier rang parmi sa jeune génération, et, lorsqu'il sortit du collége, son professeur de philosophie, M. Damiron, dont le nom allait bientôt être connu, l'accompagnait de ses vœux et de ses favorables prédictions : il sentait qu'il avait fait mieux qu'un bon élève — un disciple.

III

En 1820, à l'âge de dix-sept ans, il partit pour aller étudier le droit à Rennes, où il passa trois ans.

La vieille capitale de la Bretagne offrait peu de distractions à l'esprit sérieux du jeune étudiant. Il ne rencontrait pas là, comme il devait plus tard les trouver à Paris, mille voies ouvertes à son activité intellectuelle. Le travail régulier et assez aride des cours de droit l'absorbe : on le voit soucieux surtout de bien apprendre son futur état. La politique, qui remplira plus tard toutes ses pensées, semble alors à peine le préoccuper ; cependant il vient pour la première fois de lire les œuvres de Rousseau : une sourde fermentation se produit dans son cœur.

Il a « réglé sa vie comme celle d'un moine ; » il impose à son corps une rudesse de régime qui tient son esprit alerte et dispos : il remplace un excellent lit par une mauvaise paillasse, où le sommeil ne peut durer que quelques heures strictement nécessaires et où la paresse ne peut venir le prolonger.

Ce stoïcien de vingt ans a cherché des modèles de conduite : il croit les avoir trouvés dans les hommes de Plutarque ; sans cesse il revient à ses chers héros.

« Non, je ne concevrai jamais, écrit-il à son père, qu'on puisse quitter l'air vif et libre des champs, leurs travaux simples et nobles pour venir s'ensevelir dans une ville. Oh ! si je pouvais troquer mon code contre une bêche, comme je la manierais d'un bras vigoureux ! Comme à l'exemple des anciens, qui certes étaient bien autres que nous, je mettrais toute mon étude et

bornerais tous mes vœux à me former une âme
sensible, forte et indépendante, dans un corps
sain et robuste. Je sais bien que vous m'allez
dire que je suis fou avec mes anciens; folie, soit!
Du moins la lecture de Plutarque, si elle exalte
l'âme, ne peut-elle jamais l'enflammer que pour
la vertu. Mais ne pensez pas qu'elle me fasse
négliger mon droit. »

Sans doute, le ton de cette lettre a quelque chose d'un peu pompeux : le rhétoricien y
est encore trop visible; l'imitation, les réminiscences s'y font sentir à son insu; mais par là
même, cette phraséologie apprêtée me semble
intéressante comme une révélation : *l'agriculture, cette paisible école de bonnes mœurs ; l'âme
sensible forte, et indépendante ;* n'est-ce pas ainsi
qu'on parlait au temps du *Contrat social* et
d'*Émile ;* qu'écrivaient familièrement Desmoulins, madame Roland, qui, elle aussi, fut une
lectrice de Plutarque? N'est-ce pas le langage
des hommes de la Constituante, de la Législative et de la Convention? Bordillon, dès cette
époque de sa première jeunesse, semble avoir

été élevé à côté d'eux, comme il semblera plus tard avoir été fait pour partager leurs luttes et ressusciter parmi nous une vivante figure du drame révolutionnaire.

IV

L'étudiant de Rennes reçu avocat revint à Angers à la fin de 1824. Plusieurs de ses amis complétaient leurs études par l'éducation pratique du barreau de Paris, Bordillon suivit leur exemple dans le courant de l'année 1825.

Ce n'était pas sans de grandes difficultés qu'il pouvait réaliser ce séduisant projet. Ses ressources, faibles déjà dans une ville de province, allaient se trouver encore plus modiques en face des multiples dépenses de la vie de Paris. Un grand fonds d'énergie et de bonne humeur devait suppléer à leur insuffisance. Pour le jeune avocat, Paris était la terre promise depuis longtemps rêvée ; il la possédait enfin ; là, tout s'enveloppait à ses yeux d'un prestigieux mirage.

« Au coin de mon petit feu où flambent joyeusement quatre mottes et quelques tisons, je regarde avec plaisir une belle neige éblouissante de blancheur, qui, cette nuit, a couvert les toits. Comme de mon cinquième étage je domine tous ceux d'alentour, il me semblait, en me levant, voir les sommets des Alpes. Pour compléter l'illusion je suis descendu chez ma vieille portière qui me tient lieu des moines du Saint-Bernard ; la Providence n'est pas plus attentive pour approvisionner le couvent hospitalier des bons pères que ne l'est chaque matin cette excellente femme pour m'aller chercher le petit pain de mon déjeuner [1]. »

La *poésie* de la mansarde étant encore, en ce temps-là, une tradition du pays latin, on voit que Bordillon, pour sa part, savait la rajeunir avec un enjouement aimable.

Bientôt il trouve chez un avoué un emploi

---

[1] Janvier 1826. Rue des oiseaux.

rétribué ; il partage ses journées entre le palais et l'étude de son patron. Mais, si nombreuses que soient ses occupations professionnelles, grâce à son ardente activité, elles lui laissent encore le temps de voir, d'entendre, d'apprendre, partout où se révèle la vie littéraire, scientifique, politique, de Paris.

Une de ses premières visites a été pour son ancien professeur d'Angers, M. Damiron, « qui l'a reçu comme un vieil ami de collège, » lui prête ses livres, et l'introduira dans le monde de ses collègues et de ses élèves. Bordillon se montre avide de tous les enseignements de quelque source qu'ils émanent : c'est une recherche de tous les jours, de toutes les heures, au milieu du plus varié contraste d'hommes et de doctrines...

« M. le doyen de la Sorbonne fait un cours de haute théologie à quelques abbés français et étrangers envoyés à Paris pour devenir ensuite professeurs dans les provinces.

« Ce cours est public. J'y suis allé, et comme le doyen voyait parmi ses vingt à vingt-cinq abbés un jeune laïque l'écoutant de toute son attention, il est venu après le cours me proposer de lui faire des objections de vive voix et par écrit, m'inviter à le faire répéter, si quelque point me semblait obscur, puis nous avons discuté pendant un quart d'heure comme deux vieilles connaissances. Depuis, à son cours, il me regarde à chaque phrase et répète souvent : « Surtout, messieurs, veuillez me faire vos objec- « tions. » — M. Damiron m'a présenté à un cours particulier de philosophie fait par un de ses amis à dix-sept jeunes gens de vingt à trente ans : je dévore tout cela, je voudrais avoir quatre oreilles et surtout que le jour fût plus long ! »

Cet ami de M. Damiron, Bordillon le nomme dans une autre lettre ; c'était M. Jouffroy, jeune encore et qui, à défaut d'un vaste et public auditoire, se contentait alors d'un cénacle in-time.

Qu'on me permette d'emprunter à M. Mignet une page éloquente par sa simplicité : elle peint admirablement cette scène où la gravité sereine unie à la jeunesse, reflète comme un rayon de grâce antique.

« Dans une petite chambre presque nue de la rue du Four-Saint-Honoré, M. Jouffroy exposa pour la première fois ses doctrines en présence de quelques auditeurs choisis, pas trop nombreux, de peur qu'en vertu des articles 191 et 192 du Code pénal, un cours de philosophie ne fût assimilé à un complot contre le gouvernement. Lorsque les vingt assistants légaux, car il n'en fallait pas vingt et un, étaient arrivés et que la porte s'était fermée pour ne plus s'ouvrir, on se rangeait en cercle autour du jeune maître ; lui, debout et adossé à la cheminée, commençait ses leçons qui ont été conservées par des mémoires fidèles. Dominant de sa haute taille l'auditoire assis, la tête un peu inclinée, le regard calme et profond, il parlait d'abord d'une voix lente et légèrement accentuée. Puisant en lui-même l'inspiration qu'il ne pouvait pas recevoir des autres, il exposait dans leur enchaînement suivi et avec une merveilleuse limpidité ses idées qui naissaient et se développaient pour ainsi dire sous les yeux avides et intelligents de ses auditeurs charmés. Peu à peu la parole s'élevait, un souffle éloquent en animait et en variait les inflexions ; quelquefois même le regard s'illuminait, la lèvre tremblait, la pensée se produisait avec grandeur, et dans ce petit auditoire couraient des frissons comme il en descendait autrefois de la tribune politique dans la vaste assemblée où s'entretenait l'intelligence et où battait le cœur du pays. Ceux auxquels M. Jouffroy adressait son enseignement philosophique se sont distingués presque tous depuis dans les lettres et dans la politique[1]. »

Parfois à ces jeunes gens se mêlaient des hommes plus mûrs qui les encourageaient à des luttes oratoires sur de graves questions.

« Dimanche, j'ai vu chez M. Jouffroy quelques personnes que je n'avais pas encore rencontrées aux précédentes séances. Toutes avaient un nom distingué dans les sciences ou dans les lettres.

[1] Éloge de Jouffroy, par M. Mignet. (*Mém. de l'Ac. des sc. morales*, 1853.)

Je regardais de tous mes yeux ces figures d'hommes que je connaissais dès longtemps de réputation. Quelques groupes se formaient ; presque tous présentaient des discussions pleines d'intérêt.

« Parmi les jeunes gens, j'ai vu M. Lanjuinais [1] le fils du pair de France ; là aussi j'ai entendu un discours fort remarquable prononcé par le fils [2] du fameux Carnot, ex-conventionnel et depuis directeur. Ce jeune homme a longtemps habité l'Allemagne et la Pologne avec son père, lors de l'exil de celui-ci. Sa mémoire est pleine d'observations des plus intéressantes, et il est d'une rare instruction [3]. »

La sympathie qu'inspirait le jeune Carnot à Bordillon devint réciproque dès la première heure ; ce fut ainsi, sous les auspices de l'étude, que s'établit entre ces deux hommes de cœur une amitié de quarante années, aussi forte que

[1] Aujourd'hui député de la Loire-Inférieure.
[2] Ex-membre du gouvernement provisoire, aujourd'hui, député de la Seine.
[3] 25 janvier 1826.

leur amour commun de la liberté et du bien public.

Pour la première fois, dans ses lettres datées de 1826, les opinions politiques de Bordillon apparaissent en termes précis. On voit que depuis le temps encore très-rapproché de son séjour à Rennes, un immense travail s'est fait dans son cerveau ; il juge désormais les hommes et les choses en s'appuyant sur des principes rationnels.

Deux lettres à son frère méritent d'être citées presque tout entières ; elles donnent un exact résumé de ses idées et de ses sentiments.

« Hier [1], avant-hier et ce matin, on a jugé l'abbé Lamennais. Il est condamné à l'amende. J'étais placé sur son banc hier. Deux personnes nous séparaient. Il a l'air d'un Lazare ressuscité tant il est maigre, jaune, chétif et vieilli. Le *Constitutionnel* vous apprendra que l'avocat du roi a fait une *éloquente réplique*. C'est une imbécillité ; l'avocat du roi a répliqué comme un sot.

[1] 22 avril 1826.

Berryer, qui défendait Lamennais, l'a écrasé.
J'étais placé auprès d'un abbé très-célèbre
dans la *Congrégation*; il me montrait tous les
membres les plus distingués de son parti autour
de nous; il était très-plaisant de voir les trois
opinions en présence : l'avocat du roi criant :
« Le Roi, messieurs, ne relève que de Dieu et de
son épée; » Lamennais voulant que le roi rele-
vât du pape, ce que soutenait aussi mon voisin
l'abbé, tandis qu'à ma gauche j'avais un fougueux
partisan de la souveraineté du peuple. Pour
moi, je les crois tous trois dans l'erreur, et je
disais à mon voisin l'abbé comme quoi, n'ayant
pas deux idées communes avec Lamennais, je le
défendrais de toute mon âme au nom de mes
principes et en invoquant la souveraineté de raison. La sortie de Lamennais a été un triomphe.
Parmi les quatre cents avocats qui se pressaient
pour le voir, l'immense majorité tenait sa doctrine pour absurde, mais il y avait scission pour
la condamnation. Une grande partie, les vieux
surtout, voulaient que les tribunaux réprimas-
sent ces doctrines antisociales; mais grâce à

Dieu, beaucoup aussi réclamaient au nom de la liberté d'opinions et de cultes. Sur le grand escalier je gesticulais, pérorais au milieu de quatre à cinq de mes confrères qui m'accusaient de *tolérantisme*, et moi, je leur disais qu'ils entendaient la liberté à la façon de Bonaparte. J'ai passé une grande heure prêchant ainsi comme un énergumène; enfin l'un d'eux m'a emmené dîner chez lui et le plus vieux disait : Oui, vous autres républicains, avec vos maximes philosophiquées, vous laisseriez les prêtres vous garrotter pieds et poings : voilà comme est Renouard [1]. — J'acceptais de grand cœur la comparaison : Renouard est un des plus dignes jeunes avocats du barreau. Je crois que Lamennais va appeler : or, je tiens de mon voisin l'abbé qu'il veut plaider lui-même devant la Cour.

« J'ai reçu aujourd'hui une carte pour aller lundi à la séance des cinq académies réunies.

« J'ai vu l'autre jour les tableaux de David.

« Tu as lu dans *le Constitutionnel* des détails

[1] Ancien pair de France, avocat à la Cour de Cassation, membre de l'Institut.

sur le rassemblement de l'École de médecine qui
est allée crier : Vive la Chambre des pairs[1]. J'ai
vu ce pitoyable rassemblement avec bien de la
peine. Tous ces élèves qui criaient en l'honneur
d'une chambre d'aristocrates, où il n'y a pas,
quoi qu'en dise *le Constitutionnel*, vingt amis
éclairés et désintéressés du peuple ; ces élèves
se sauvaient sans dignité devant une troupe
de gendarmes. Que diable allez-vous faire là,
disais-je à trois de mes compatriotes que j'y
trouvai ? Croyez-vous bonnement que MM. de
Crillon..., de..., de..., et autres émigrés ou
courtisans de l'ancien régime qui n'ont *rien appris ni rien oublié* depuis quarante ans, ont
pensé à vous quand ils ont voté contre une loi
qui ne leur semble pas assez aristocratique ?

« Un agent de police décoré frappe de sa canne
deux élèves qui lui *répliquaient*, comme il disait
en les tutoyant. Quand je les ai vus se retirer en
grommelant tout bas, je suis allé vers un commissaire qui se promenait en écharpe et parlait avec

[1] A l'occasion de la discussion du droit d'aînesse.

beaucoup de dignité : je lui montrai du doigt cet agent à canne en lui disant le bel emploi qu'il venait d'en faire : « Il a eu tort, très-grand tort, » me répondit fort honnêtement le commissaire. Ce désaveu public parut faire beaucoup de plaisir à la foule qui nous entourait.

« C'était assurément une réparation fort insuffisante pour cet attentat à la dignité d'un citoyen, mais savent-ils ce que c'est qu'un citoyen ? »

Il n'est pas inutile de remarquer le caractère légal que Bordillon cherche à donner à cette répression méritée d'un abus de pouvoir. Cet appel fait à la justice d'un agent de l'autorité montre comment il entendait dès lors la résistance aux excès arbitraires, chaque fois qu'elle peut s'exercer par des moyens calmes et réguliers.

Nous venons de le voir déclarer sa foi dans la *souveraineté de raison*, manifester son souci de la *dignité civique* ; la lettre suivante révèle son culte déjà profond pour les souvenirs historiques de l'époque qui a produit notre plus grande tentative de rénovation sociale :

« Le 14 juillet 1790, — non, je me trompe, —
1826, sur le tertre gauche du Champ de Mars,
sept heures du matin.

« Je suis venu voir ce matin, mon cher Théodore, l'ancien théâtre de la Fédération dont tu as
lu l'histoire dans Thiers et dans Mignet, à son
trente-sixième anniversaire. Je suis peut-être à
Paris le seul qui m'en souvienne. Devant l'École
militaire, là même où devait s'élever cet immense
autel de la patrie, où le citoyen évêque d'Autun
officiait en ceinture tricolore au milieu de trois
cents autres prêtres comme lui revêtus de cein-
tures nationales et d'habits pontificaux, là maintenant chevauchent quinze ou vingt chasseurs à
cheval, qui font l'exercice : « Tête droite, tête
« gauche ! » Je représente à moi tout seul les
quatre cent mille spectateurs qui s'entassaient
sur ces mêmes tertres où je t'écris. Quant aux
fédérés des quatre-vingt-trois départements, je
n'aperçois plus leurs quatre-vingt-trois drapeaux.
L'immense majorité d'entre eux sans doute a de
longtemps, comme le père Charnacé [1], mis bas le

---

[1] Ancien fédéré, voisin de Bordillon à Angers.

chapeau à cornes pour aller dormir du grand sommeil. Derrière moi manœuvre un régiment de la garde royale; pas un de ces soldats n'était né, je pense, quand le général Lafayette prêtait ici le serment civique pour les gardes nationales de France. Et cette belle Assemblée constituante, où sont ces mille membres rangés sur le devant du trône? Vois-tu le fauteuil de leur président, placé à côté de celui du roi? Rien de tout cela n'est plus. Quelques débris épars survivent encore, çà et là dispersés : le reste, avec Rabelais, est allé chercher le grand *peut-être*. Ici, excepté une cantinière qui vend la goutte aux gardes royaux, et aussi cet invalide que j'aperçois traversant tout voûté le milieu du Champ de Mars, il ne reste pas un être contemporain de cette grande époque, si ce n'est cette double rangée de vieux ormeaux qui durent, il y a trente-six ans, entendre les acclamations nationales et le serment civique des fédérés. Je t'envoie une de leurs branches ; tu la suspendras à ma cheminée avec cette inscription : 14 *juillet* 1790.

« Avant de m'en aller, je regarde de tous côtés

si le citoyen-évêque-ministre-chambellan Talley-
rand-Périgord ne viendrait pas aussi, en commémoration d'un serment qu'il a si religieusement
tenu ; mais d'autres temps, d'autres rôles ! Le
digne homme va peut-être entendre aujourd'hui
près du roi, dans sa chapelle de Saint-Cloud, la
messe, à laquelle assiste Sa Majesté, avec autant
de recueillement qu'il la disait lui-même sur le
Champ de Mars. J'écoute... je crois entendre
la voix de Mirabeau ! Je me trompe : c'est le
roulement des tambours de la garde royale. Il y
avait là-bas un pont de bateaux sur lequel pas-
sèrent les députés de l'Assemblée constituante ;
j'aperçois à sa place le pont d'Iéna, admirable
monument, mais dont le nom rappelle *l'homme
selon le cœur de Dieu, l'homme de la droite, le
nouveau David*, etc., etc.

« Devant Napoléon, tous mes souvenirs de
la Révolution disparaissent! Je ne vois plus
que le théâtre de ses revues de machines à
mousquet, de son champ de mai. J'ai récité
ce matin le chapitre des *Droits de l'homme:* je
le vois effacé par son misérable *Acte addition-*

nel; au lieu du serment civique de Lafayette, je crois entendre beugler : « Vive l'Empereur ! » par les députés des régiments qui reçurent ici leurs aigles le lendemain du couronnement de Sa Majesté corse. Vois-tu pas le sénat conservateur et les dignitaires empanachés qui, presque tous anciens jacobins, font la révérence devant l'empereur et roi ? Grâce à Dieu, cette tourbe est presque toute emmuraillée sous marbre au cimetière du Père-Lachaise ! »

En dépit de ces haines vigoureuses contre les ennemis de ses chères doctrines, Bordillon accueillait avec la plus tolérante cordialité les adversaires chez lesquels il ne découvrait ni fausseté, ni calcul ambitieux. Ce fut encore là un trait distinctif de sa nature : il le garda toute sa vie.

« J'ai formé le projet d'une conférence d'avocats fondée sur un nouveau plan. M. Damiron m'a encouragé à l'exécuter. Un jeune homme qui se destine à devenir professeur de droit me disait avec quelque préambule : « Si ça ne vous faisait

« pas de peine, je proposerais pour membres de
« la conférence deux nobles fort instruits, mais
« *très-royalistes*, l'un d'eux possède un talent très-
« remarquable ; mais il est *très-royaliste !* » Eh
bon Dieu ! répondis-je, qu'ils soient jésuites, s'ils
veulent. Ils sont avocats l'un et l'autre, vous nous
garantissez leur instruction et leur caractère,
que faut-il autre chose? J'aimerais au contraire
beaucoup rencontrer des gens d'esprit d'une autre
opinion que moi.

« J'irais au bout du monde pour discuter mes
croyances avec un homme intelligent et de bonne
foi ! »

Et ailleurs, il s'exprime avec la même impar-
tialité au sujet de la Compagnie de Jésus, qui devait
plus tard trouver en lui un implacable adversaire
de ses empiétements illégaux.

« Au Palais-Royal on vend des milliers de petits livres, entre autres l'*Histoire des jésuites* à six
sous... Je n'approuve point du tout ce genre
d'attaque. Assurément, personne moins que moi
n'est l'ami des bons pères ; mais par cela même
que je suis leur ennemi, je veux à leur égard une

scrupuleuse justice. Un *factum* où pour la millième fois on rebat leurs crimes n'est pas une histoire. Il faut dire le bien qu'ils ont fait, ce qui malheureusement sera bientôt dit, si l'on veut énumérer les maux qu'ils ont causés. MM. du *Constitutionnel*, qui conservent en prêchant la liberté quelques habitudes de l'impérialisme, invoquent contre les jésuites de vieux arrêts parlementaires comme si ce n'était pas pitié d'exhumer cette législation d'autrefois sous l'empire de la charte. Ils citent encore un décret de proscription rendu sous le *gouvernement fort du nouveau Moïse, du nouveau Josué, de l'homme de la droite* (comme disait le pape), de Bonaparte, en un mot. Eh bien! je leur réponds qu'ils sont des gnorants sur ce point comme en littérature, quand ils en parlent. Quand on réclame la liberté, il faut la vouloir pour tous. Celle des cultes et de la pensée mérite surtout le respect le plus inviolable. Que les citoyens soient trappistes, fakirs, quakers ou capucins, laissez-les faire! De quel droit les empêchez-vous?

« Qu'ils prêchent le *Coran*, la *Bible* ou le

Zendavesta ; qu'ils professent la doctrine du R. P. Sanchez ou la philosophie de M. Royer-Collard, laissez-les dire : ils en ont le droit encore. Ce qui est mal, ce que je déplore, c'est que *le pouvoir, que nous payons pour nous laisser faire et dire en paix*, soutienne telles ou telles coteries et persécute leurs adversaires : il n'en a pas le droit ; tout cela devrait, comme aux États-Unis, ne l'occuper en aucune façon. Alors, que les jésuites prêchent, à merveille ! nous saurons bien leur répondre. La jeunesse du dix-neuvième siècle n'invoquera point contre eux les proscriptions et le despotisme d'un autre âge ; que les frères ignorantins enseignent tous les enfants qui leur seront adressés ; qu'on laisse seulement s'établir une école mutuelle auprès des leurs, le peuple choisira ; le plus habile sera suivi, quel qu'il soit ; nous n'en voulons pas davantage.

«De même, qu'on nous laisse former des chaires de philosophie, de sciences et de littérature, et que les bons pères élèvent à leurs dépens et réglementent à leur guise tous les établissements qu'ils pourront : alors nous concevrons la vraie doctrine libérale, sans restrictions despotiques.

« Ce que je te dis là paraît tout simple, tout naturel, et pourtant rien n'est plus rare encore que ce système de tolérance et de véritable liberté. Toutes les têtes sont si bien façonnées en France à l'intervention du pouvoir, qu'on voudrait toujours le tourner contre ses adversaires. Rien ne m'amuse plus que le rôle bizarre qu'il me faut chaque jour remplir à cet égard. Une foule de jeunes gens que je rencontre, me citent, transportés de fureur, les envahissements journaliers des gens de Montrouge et les voudraient tous envoyer à la Guyane. Et moi, d'invoquer les principes et de défendre les bons pères, tout en les reconnaissant pour de dangereux ennemis, mais qu'il ne faut pas moins respecter dans leurs droits, si nous prétendons l'être dans les nôtres ; qu'il faut combattre par la raison et non par des proscriptions, parce que, comme le disait Siéyès, *si nous voulons être libres, il faut être justes.* »

Au milieu de ses nombreux travaux, Bordillon se préoccupait sans cesse de faire participer aux idées qu'il acquérait chaque jour son frère, à peine adolescent.

Quelques feuillets détachés, découverts parmi les lettres qu'il adressait à ce jeune homme, nous donnent sa profession de foi philosophique, telle qu'il la formulait au lendemain de ses premières études, telle qu'il la conserva jusqu'à son dernier jour.

Paris, le 14 décembre 1826.

« J'avais commencé il y a trois ans une suite de cahiers intitulés : *Mes opinions sur la religion, la morale, la politique, etc. (telles que je les ai à vingt ans), soumises à mon propre examen, quand j'aurai soixante ans,*

ou

De moi-même à moi-même.

« J'ai fait quatre à cinq de ces cahiers ; le dernier est ici. Je l'avais apporté cette année avec moi dans l'intention de poursuivre ce travail et de te l'envoyer. Un chapitre de Jouy intitulé : *Deux journées à quarante ans de distance,* m'avait donné cette idée de faire à vingt ans l'inventaire fidèle de mes croyances pour, si Dieu me prête vie, les comparer un jour à celles de ma vieillesse....

« Une autre pensée me préoccupe maintenant. Tu ne fais point ta philosophie, et certes il n'y a pas grand mal en songeant à ce qu'on enseigne sous ce nom au collége. Si cette année j'étais resté avec toi, je t'aurais appris ce que j'en sais, et (je n'affecterai jamais une modestie hypocrite) je crois, sur cette matière, en savoir plus long que les professeurs en *us*. Je veux donc te soumettre dans une suite de lettres toutes mes opinions philosophiques. C'est un beau, c'est un immense sujet, le plus beau qu'on puisse offrir à l'attention des hommes.

« Je te recommande de me conserver exactement toutes les feuilles que je t'enverrai ainsi : d'abord, parce que j'y parlerai comme de moi-même à moi-même, avec la plus entière indépendance, et que mes opinions prises isolément pourraient être mal comprises, paraître paradoxales ou criminelles aux vieux préjugés qu'elles heurteront sans doute : le second motif pour lequel je te prie de conserver ces feuilles, c'est qu'elles me tiendront lieu de ma série de cahiers dont je te parlais tout à l'heure. Je les jugerai quand mes cheveux seront blancs, comme jugerais mes comptes de conduite journalière ; heureux si le vieux juge approuve et partage encore les croyances du jeune homme, plus heureux cent fois, si se rendant compte de l'emploi qu'il a fait de la vie pendant ces soixante années, il peut achever l'examen sans remords et se dire : « Je le ferais encore, s'il était en ma puissance de recommencer le cours du temps. » Au reste, l'arrêt en dernier ressort du grand et souverain Juge ne se fera pas longtemps attendre.

« J'ai une recommandation encore à te faire : je t'adresse mes opinions telles que je les ai sincèrement aujourd'hui après un examen consciencieux : ne les adopte pas sur parole ; examine-les, juge, critique, pense par toi-même en toutes matières, — vois de tes yeux, enfin ! Jurer sur la parole du maître, croire de foi est un acte d'imbécillité et d'immoralité tout ensemble. C'est faire une criminelle abnégation de sa raison. Pénètre-toi donc bien de cette idée *que je ne t'envoie pas des croyances toutes faites;* mais *que je soumets à ta critique* mes propres opinions. Les corporations sacerdotales (c'est là leur caractère commun et ce qui les distingue des philosophes) ont toutes prétendu imposer ainsi d'autorité la vérité, c'est-à-dire leurs dogmes, à la conscience de leurs adeptes.

« J'aimerais cent fois mieux que tu crusses de déplorables erreurs, si tu les avais du moins acquises par toi-même et de bonne foi, que de te voir comme une machine de catéchisme admettre de foi les plus belles vérités. Agir librement , examiner par soi-même , voilà tout l'homme.

. . . .

. . . .

« Tu le reconnaîtras, j'espère : pour qui sait voir, le matérialisme n'est pas seulement triste , il est absurde. Tu verras comme il est majestueux le Dieu de la conscience éclairée, et comme les hommes l'ont indignement défiguré.

« De nos leçons ressortiront surtout, je l'espère, des principes stables pour notre propre conduite, un respect sacré pour l'indépendance de nos semblables et la haute conscience de notre dignité d'homme.

.   .   .   .

« Une dernière réflexion préliminaire, et j'entre en matière. Je serai nécessairement amené à te parler de morale. Je ne conçois pas au monde de plus vile hypocrisie que de se faire croire meilleur qu'on est. J'aimerais cent fois mieux passer pour un scélérat que de voler l'estime d'un honnête homme. Je proteste donc, tout d'abord et hautement, que je n'entends point me donner pour modèle, ni, en traçant des règles de conduite, les donner pour l'histoire de la mienne.

« On reproche habituellement aux prêtres de prêcher : « Faites ce que je dis et non ce que je fais. » Ce reproche est absurde !

«Certes, si j'étais prêtre, je ferais tous mes efforts pour prêcher d'exemple, parce que rien n'est plus éloquent ; mais, celui-là même dont la conduite est la plus dépravée, peut encore, s'il est éclairé, connaître et admirer cette loi morale qu'il n'a pas eu le courage de suivre : il peut en révérer la sainteté et la prêcher avec ardeur et respect à ses semblables. Quand je te parlerai de morale je ne te dirai pas : voilà ce que j'ai fait ; mais : Voilà ce que je devais faire, ce que je voudrais avoir fait, ce pour quoi j'étais sur la terre, et enfin sur quoi Dieu me jugera. »

Un reproche souvent adressé à Bordillon a été celui de haine systématique contre toute idée religieuse. L'homme qui a écrit les pages que je viens de citer a-t-il mérité pareille accusation ? S'il n'accepta le symbole d'aucune Église, il eut cette foi qui, en dehors des dogmes et des formules, hésitante dans ses recherches, n'en est pas moins certaine de son but, et dont les consciencieuses négations planent au-dessus du blasphème.

Qu'on ne prétende pas que ce ne fut là chez lui qu'une passagère ferveur de jeunesse rejetée par son âge mûr; partout, dans les lettres qui sont jointes à cette notice, on retrouvera les mêmes sentiments ; et, parvenu aux derniers jours de sa

vie, à ce terme dont nous venons de le voir presque fixer la date précise par une sorte d'intuition,
sans cesse, dans sa conversation, revenaient ces
mots, qui étaient le résumé de sa doctrine :
« Dieu est Dieu, et la conscience est son pro-
phète! »

Il appartenait à ce libre christianisme qui débordait du cœur de Channing : son âme était
pleine de l'amour du prochain ; il avait souci de
voir répandre la parole de l'Évangile ; il avait
d'amères colères contre ceux qui, s'étant donné
charge de la dispenser, se montraient les gérants
incapables ou infidèles de ce trésor du Christ.
Ces colères l'entraînaient parfois bien loin. Mais,
dans le prêtre, il n'insulta jamais le *prêtre* : il
avait transformé doucement, sans effort ni remords, le *credo* de son enfance; il ne connut
pas ce vide immense du scepticisme qui brisa
le cœur de son maître Jouffroy; il pouvait, en
pleine sérénité, tourner ses regards en arrière et
contempler son sanctuaire d'autrefois.

V

Bordillon rentra définitivement à Angers dans le courant de l'année 1827. Un plus vaste théâtre lui eût été offert à Paris et il eût pu dignement y tenir son rôle ; mais la nostalgie de sa ville natale et de son foyer de famille l'avait pris ; il leur revint.

Il n'avait, en quittant Paris, dit adieu, ni aux préoccupations spéculatives de la philosophie, ni à leur active réalisation par la politique : il ne lui venait pas à la pensée que le patriotisme pût se rétrécir en se manifestant dans une sphère moins vaste.

Combien de fois Bordillon n'a-t-il pas servi de lien entre les hommes qu'il avait connus durant son séjour à Paris et d'autres hommes éminents qu'il lui fut donné de connaître en province ?

Ses meilleurs amis s'appelèrent Carnot ; Pierre Leroux ; Dubois (du *Globe*) ; Damiron ; Freslon ; Eugène Pelletan ; Barthélemy Hauréau ; Dufaure ; Jules Simon ; Vacherot ; Michel Chevalier ; Marie, l'un de ceux qu'il aima le plus ; le loyal et généreux Guépin (de Nantes).

Inscrit au barreau d'Angers, il quitta bientôt la profession d'avocat pour prendre une charge d'avoué qu'il occupa pendant peu d'années.

En ce temps, durant une période de trois ans, les événements se pressent et semblent s'avancer irrésistiblement pour emporter encore une fois la monarchie des Bourbons. La garde nationale de Paris licenciée, le rétablissement de la censure, les irritations exaltées du clergé à l'occasion des ordonnances de 1828 ; bientôt la chute du ministère Martignac ; — une suite de crises, qui se succèdent coup sur coup, font déjà pressentir et souhaiter la crise suprême.

Le gouvernement de Charles X croyait, comme d'autres pouvoirs l'ont cru, qu'il suffit de mettre la nation en tutelle pour assurer la stabilité d'une monarchie ; qu'il n'y a qu'à lui persuader d'abdiquer son libre jugement devant la sagesse administrative pour affermir toutes les prétentions dynastiques et absolues. Plein de cette confiance en lui-même et de défiant dédain envers le peuple, il s'imposait volontiers pour guide au corps électoral ; il désignait, en les recommandant avec des arguments à lui, les candidats officiels qu'il allait chercher parmi ses fonctionnaires et même sur le banc de ses ministres.

C'est ainsi que M. de Guernon-Ranville, ministre de l'instruction publique, se trouva présenté en 1830, aux suffrages des électeurs de Maine-et-Loire, quoique aucun lien ne le rattachât à la population de ce département.

Un vétéran du barreau d'Angers, connu déjà pour avoir pris part à la législature en d'autres temps, M. Duboys, voulut opposer sa candidature indépendante à celle de ce puissant intrus. Il pria Bordillon de rédiger une brochure qui mît les électeurs en garde contre une illusion ou une faiblesse.

Celui-ci entra dans le vif de la question : à peine fit-il à la personnalité du candidat étranger l'honneur de la discuter, il attaqua de front le principe au nom de la raison.

« Par cela seul qu'un candidat est ministre, favori de ministre, le plus simple bon sens ne dit-il pas qu'il faut le repousser ? Et que voulons-nous faire en envoyant un député à la Chambre ? Apparemment que le principal objet de sa mission est d'aller, en notre nom, y surveiller l'action du ministère, prévenir les abus du pouvoir. Chargerons-nous donc le ministère de se surveiller, de se rendre compte à lui-même ? En chargerons-nous ses commis, ses créatures ?

« La candidature d'un ministre ne provoquet-elle pas d'abord la répugnance de quiconque comprend bien nos institutions? La possibilité seule de cette candidature n'est-elle pas un notable témoignage des progrès qui restent encore à faire à nos mœurs constitutionnelles? Non, il ne s'écoulera pas dix ans que, dans la France entière, ce sera un axiome de droit politique qu'un ministre ne doit pas désigner un candidat aux électeurs, ni, ce qui serait pis encore, se présenter lui-même à leurs votes.

« C'est là une question vitale pour le système représentatif, c'est le *To be or not to be, Être ou ne pas être;* que si en effet, s'abjurant eux-mêmes, les électeurs en venaient à mettre leurs choix à la dévotion des ministres, notre Chambre des députés aurait bientôt la dérisoire insignifiance de ce Corps législatif de Bonaparte réduit à écouter les harangues adulatrices de M. de Fontanes, et à servir de cortége aux *Te Deum* et aux pompes militaires de l'Empire. »

Il faut avouer que Bordillon a complétement ici manqué de la double vue prophétique : longtemps après ce terme de dix ans, auquel il

fixait le dernier jour des candidatures officielles, on l'a vu échouer lui-même contre un candidat patronné par le gouvernement de l'Empire
rétabli, et fils de ce candidat libéral qu'il avait
soutenu vingt-sept ans auparavant[1]...

Au commencement de l'année 1830, Bordillon
se chargea de rédiger presque seul le *Journal de
Maine-et-Loire;* cette feuille existait déjà depuis
longtemps : il essaya de lui donner une vie
nouvelle en la consacrant à l'active défense du
libéralisme

La conséquence d'une telle attitude ne se fit
pas attendre : le préfet de Maine-et-Loire inter-
dit immédiatement à tous les maires de recevoir
ce journal, mal pensant et corrupteur : il va sans
dire que l'opinion du public ne ratifia pas celle
de M. le préfet.

Charles X, à l'ouverture de la session législative, avait prononcé les imprudentes paroles
où la nation alarmée reconnut le symptôme des

---

[1] Élections de 1857 : M. Ernest Duboys, aujourd'hui premier
président de la Cour d'Orléans.

ordonnances de Juillet. On sait par quelle énergique opposition la Chambre des députés répondit à la provocation du roi : l'adresse des 221
fut, suivant une expression de *la Quotidienne*,
qui ne croyait pas parler si juste, *le premier
manifeste de la révolution de* 1830. C'était
l'indice de la rébellion légale ; le peuple allait
aussi faire pressentir sa prochaine et courageuse résistance. Dans toute la France, après
la dissolution de la Chambre, les signataires de
l'adresse des 221 furent reçus avec enthousiasme ; partout des manifestations se produi-
sirent ; Angers en donna le signal.

Deux députés de Maine-et-Loire, MM. Guilhem
et d'Andigné devaient arriver à Angers le 6 juin.
Les citoyens avaient été invités par un comité à
se porter en masse au-devant d'eux à quelque
distance de la ville ; ils avaient répondu à cet
appel.

Le préfet fit occuper militairement la route
au point où la rencontre devait avoir lieu ; dès
que les députés parurent, une colonne de troupes

se plaça entre eux et la foule ; on leur signifia
de rebrousser chemin ; les armes furent chargées devant le peuple qui voulait ouvrir le passage à ses représentants, et l'ordre allait être
donné de faire feu. Alors deux adjoints du maire
d'Angers, M. de Contades et M. Retailliau, se
se jettent intrépidement au premier rang : « Nous
resterons à la tête de nos concitoyens, crie M. de
Contades au colonel qui commande ; nous saurons
mourir avec eux ! »

Cet acte de courage arrêta la catastrophe ; il
fut permis aux députés d'entrer dans la ville par
une voie détournée, et ils reçurent en lieu plus
sûr l'hommage de leurs compatriotes.

Un mois plus tard, la royauté essayait de
déchirer la Charte, et elle ne survivait pas à son
coup d'État.

Les coups d'État ont cela de bon : ils affirment
tôt ou tard l'invincible force du droit.

Les souvenirs du 6 juin étaient encore bien
récents, quand parvint à Angers la nouvelle de
la révolution de Paris. Une partie de la population

conservait de redoutables rancunes : elle se rappelait que son sang avait failli être versé. Le triomphe actuel l'exalta : elle fut près de le déshonorer par une indigne vengeance.

Le préfet royaliste s'était hâté de prendre la fuite ; mais il y avait un homme que menaçait plus que lui la fureur de la foule : c'était le colonel de gendarmerie Cadoudal, frère du célèbre Georges. Cet officier avait, dans la manifestation de juin, commandé les troupes et menacé de tirer sur le peuple. Comprenant lui-même quels périls l'attendaient, il se hâta de sortir de la ville avec sa femme et ses deux ou trois jeunes enfants.

Au moment où il s'engageait sur la route de Nantes, il fut reconnu ; sa voiture fut arrêtée ; et une foule, qui vite alla en grossissant, l'entraîna lui et sa famille au milieu des cris et des menaces. Quelques membres de la nouvelle administration municipale accoururent pour protéger les prisonniers et chercher à les diriger vers l'hôtel de ville, où ils espéraient pouvoir les mettre en sûreté. L'un d'eux [1], ceint de son écharpe trico-

______
[1] M. Alexandre Joubert.

lore, monta sur le siége de la voiture, et, tenant entre ses bras un des enfants, essaya de contenir la multitude par le respect dû à l'autorité et à la faiblesse. Mais, à chaque pas, l'exaspération augmentait : on était parvenu au Vieux-Pont qui traverse la Maine ; alors s'éleva ce cri sinistre : « A l'eau Cadoudal ! » Il y eut une lutte autour de la voiture entre les forcenés et les citoyens courageux qui voulaient leur épargner un crime. On se trouvait en face de la maison où était né Bordillon : depuis quelques années elle avait été transformée en corps de garde. Le jeune rédacteur du *Journal de Maine-et-Loire* se trouva là, juste à point, pour entrer dans la vie publique par un acte de courage.

Cadoudal et les siens avaient été poussés dans le corps de garde par leurs défenseurs ; mais la porte était assiégée et ébranlée. Alors s'ouvrit une des fenêtres, et Bordillon, que ses concitoyens connaissaient déjà par ses articles et par ses libres propos, apparut comme à une tribune improvisée : armé d'un pistolet, il fit, sous la menace, reculer les plus acharnés et lança aux autres des paroles impérieuses de cette voix et avec ce geste qu'il retrouva plus tard dans les jours tumultueux de 1848 ; il avait gagné du temps, et c'était le salut : un bataillon de la garde nationale put arriver et il dissipa la foule ; M. de Cadoudal fut délivré.

Les jours qui suivent une révolution sont, d'ordinaire, pénibles pour tous ; ils le sont surtout pour ceux qui, dans le parti vainqueur, comprennent que la victoire obtenue par l'élan d'une heure a besoin d'être sagement réglée, mesurée, comme un fonds destiné à ne donner son plein revenu que par l'effet du temps et d'une gestion prudente.

Au lendemain de la Révolution de 1830, dans nos provinces de l'Ouest, les conflits de l'insurrection carliste, et les représailles libérales réveillaient toutes les colères, toutes les haines d'une autre époque : la *chouannerie* avait reparu. Des colonnes de soldats et de gardes nationaux se portaient sur les localités insurgées et elles y faisaient bravement leur devoir ; pourtant il y eut alors plus d'une arrestation arbitraire, plus d'une sévérité inutile : on vit parfois reparaître la violence des temps de guerre civile : Bordillon et ses amis eurent l'occasion de contenir de coupables emportements[1].

Parmi les jeunes gens qui partageaient ses principes et qui lui furent unis d'affection, son collègue du barreau, Freslon, soutenait avec lui la lutte dans le *Journal de Maine-et-Loire*.

La destinée politique de Freslon devait être plus brillante que celle de Bordillon : elle devait l'élever jusqu'au ministère ; mais, dans l'opinion de l'Anjou, le parti libéral, durant quarante ans, fut pour ainsi dire incarné en Bordillon : on a entendu ses adversaires eux-mêmes l'appeler *l'homme-drapeau ;* — oui ! il avait l'éclat de la franchise, qui frappe l'âme comme la couleur éblouit l'œil ; il avait la mobile passion qui frémit à tout souffle venu de haut, et comme le *drapeau*, il porta fièrement ses blessures !

---

[1] Dans une expédition au Lyon d'Angers.

Freslon, non plus, n'a jamais eu de défaillances ; mais sa nature personnelle ne pouvait lui attirer aussi irrésistiblement la sympathie des masses que se conciliait Bordillon par une parole éloquente ou par un bon mot.

L'orateur politique, avec ses entraînantes allures, dominait chez Bordillon ; Freslon était l'homme d'affaires, sagace, doux dans l'expression, philosophe par la logique et par la probité. Tous deux plébéiens d'instinct et de race, Bordillon avait l'emportement du *gars vendéen* d'Anjou : Freslon tenait du paysan du Maine, ferme aussi, mais ayant plus de stratégie ; — il allait à la rescousse armé de sa finesse.

De cette diverse disposition de leur esprit, il résulta dans leurs dernières années, alors que tous deux étaient éloignés de la vie politique, une optique différente sur les événements nouveaux. Bordillon semblait se renfermer dans ses traditions révolutionnaires : il serrait, comme en un bataillon carré, ses vieilles colères, ses vaillantes aspirations, dans des formules qui tournaient au dogme ; Freslon reconnaissait les idée sous les nuances apparentes. Mais, si les deux libéraux de 1866 avaient entre eux quelques désaccords, que n'avaient pas les deux libéraux de 1850, et qui les eussent empêchés peut-être d'accepter les mêmes alliances, il leur restait toutefois une antipathie commune.

Dans le courant de l'année 1852, ils quittèrent brusquement l'un et l'autre le *Journal de Maine-et-Loire;* leur retraite était une protestation contre un acte arbitraire auquel les principaux propriétaires du journal accordaient leur approbation.

Quelques membres de la religion saint-simonienne étaient venus à Angers prêcher leur doctrine : ils rencontrèrent dans le peuple une hostilité profonde qui faillit se manifester par des violences contre leurs personnes. Le maire, au lieu de se borner à protéger des citoyens dont le seul tort était de soutenir des idées nouvelles et discutables, leur enjoignit, par un arrêté conçu en termes blessants, de cesser toute prédication et toute manifestation publique de leur foi.

Bordillon et Freslon regrettaient que le saint-simonisme n'eût pas gardé le caractère purement philosophique et économique qu'il avait eu à ses premiers jours ; ils désapprouvaient les rites bizarres qui venaient surcharger une doctrine indépendante ; ils les raillaient volontiers ; mais ils ne pouvaient admettre qu'un culte fût entravé et persécuté.

Sa rupture avec le *Journal de Maine-et-Loire*, marque dans la vie politique de Bordillon une phase nouvelle, celle où, se dégageant de toute alliance avec le parti monarchique issu de la révolution de 1830, et entrant nettement dans les rangs de l'opposition républicaine, il représente à Angers la politique soutenue par Armand Carrel et *le National*.

Ce fut vers cette époque qu'il se maria. Sa femme fut associée à toutes ses pensées et à tous ses sentiments. Elle eut sa part de bien grandes espérances et de bien cruels chagrins. Un jour devait venir où, lorsqu'ils chercheraient au sein de leur foyer un soulagement aux déceptions du dehors, ils y trouveraient vide la place de leur fille unique, morte à vingt ans. Sur la tombe de cette enfant, Bordillon écrivit ces mots religieux et stoïques : *Deus est resurrectio et vita.* C'était dire qu'il fallait une consolation infinie pour qu'elle fût proportionnée à la douleur.

Il est difficile, en racontant l'existence de Bordillon, de faire comprendre à ceux qui ne l'ont pas connu, l'influence qu'il exerçait autour de lui : il n'a jamais écrit que quelques articles de journaux, la plupart sur des sujets d'intérêt local ; il n'a été mêlé qu'aux délibérations d'une assemblée municipale. Dans cette sphère de publicité, si restreinte en apparence, il a cependant conquis un rôle dont seraient jaloux des hommes à qui les circonstances ont donné les plus hautes missions sociales et la plus éclatante notoriété.

Pour retracer cette vie si peu remplie d'événements, de laquelle ne restent maintenant que si peu d'œuvres palpables, il faudrait avoir sténographié au passage ces incomparables causeries qui faisaient de Bordillon, à toutes les heures, en tout lieu, avec tous, un orateur sans apprêt, sans tribune, mais irrésistible, se multipliant, passant d'un auditoire à un autre, enlaçant de sa charmeuse parole amis, adversaires, gens de tout parti et de toute école !

L'*homme public*, ce type disparu, qui ne quittait pas le *forum* ou l'*agora* dans les antiques cités républicaines, entrant dans les boutiques, flânant dans les jardins, hantant les portiques des temples ou les colonnades des thermes, peuple avec le peuple, philosophe avec les philosophes, s'imprégnant par tous les pores de toute l'atmosphère des idées et des choses ; — voilà quel était Bordillon parmi nous ! on eût dit un citoyen d'Athènes, en ayant rapporté une bonne dose de verve et d'ironie sans doute pour avoir fréquenté Aristophane et Socrate ; on ne pouvait du moins méconnaître un Français, apparenté de tempérament et d'esprit avec Diderot.

Comme l'auteur du Neveu de Rameau, il avait l'universelle curiosité et l'intarissable abondance des mots pour redire ses impressions, pour les

prolonger en interminables rêves et parfois jusqu'à l'utopie ; mais sous ce flux de phrases (c'est
encore là un trait de ressemblance entre lui et
Diderot), toujours débordait une pensée ardemment généreuse.

Je ne veux pas passer sous silence un acte
public de Bordillon, dont on songerait peut-être
à s'armer pour renouveler l'accusation, trop souvent et à tort portée contre lui, de haine aveugle
contre le clergé catholique.

Pendant la session du Conseil général tenue
en 1839, il adressa à cette assemblée une pétition, où il l'invitait à réclamer du gouvernement l'application des lois existantes, relatives
aux ordres religieux non autorisés. Ces corporations s'étaient multipliées dans l'Anjou depuis
quelques années : la Compagnie de Jésus surtout,
y avait pris un développement considérable.

« Le Conseil général, disait Bordillon, placera
en tête de ses devoirs celui d'élever la voix pour
qu'enfin le gouvernement apprenne quels envahissements le jésuitisme a consommés déjà,

dans nos contrées. Le christianisme et par conséquent la révolution française et la civilisation européenne n'ont point de plus redoutable ennemi...

« Oui ! dites au gouvernement qu'à cette heure même où se tient votre session, le manteau de Loyola apparaît dans nos rues ; dites-lui que sur tous les points de la cité surgissent des couvents, des communautés monacales, des maisons congréganistes remplaçant nos usines et nos manufactures, en tel nombre et si splendidement dotés qu'on se croirait en 1789, avant les jours où la révolution fit son œuvre...

« Nos lois imposent au clergé le devoir de soumettre à l'approbation des magistrats les donations qui lui sont faites ; mais le jésuitisme a-t-il jamais manqué d'expédients pour éluder les lois qui entravaient sa convoitise ? Pour dépouiller les familles, il a le moins possible recours aux donations et legs ; mais des procurations sont extorquées, donnant pouvoir de vendre les biens et d'en toucher le prix. Le nom du mandataire laissé en blanc sera rempli du nom de quelque complice inconnu peut-être des malheureux dont on va consommer la ruine ; la vente est stipulée payable au comptant et en mains sûres. Voilà par quelles manœuvres, en ces derniers temps, ont été saisis d'incalculables capitaux...

« Messieurs, jetez les yeux sur un livre ayant pour titre *Vie et miracles de Sainte Philomène.* Quand on sait que les jésuites le répandent par milliers dans notre département, le placent dans les mains des enfants, des femmes, des paysans, le font lire dans leurs couvents et leurs écoles, et que du sein du clergé de Maine-et-Loire, aucune voix ne s'est encore élevée pour défendre la sainteté des croyances chrétiennes et flétrir cette œuvre d'imposture, on se sent accablé d'une douleur profonde. En serait-il du grand culte aux enseignements duquel s'est formée la civilisation européenne, comme de cet homme dont parle Jésus-Christ au dixième chapitre de saint Luc, de cet homme qui, descendant de Jérusalem à Jéricho, tomba aux mains des voleurs qui le dépouillèrent, le couvrirent de plaies, le laissant à demi mort, sans que prêtres, ni lévites, passant auprès de lui, vinssent à son aide !

« Mais vous, messieurs, vous ne l'abandonnerez pas ! Comme le bon Samaritain, vous prendrez mission de votre charité, de votre vénération et de votre reconnaissance envers le christianisme qui durant dix-huit siècles a nourri le genre humain de sa parole ! Vous protesterez contre des impiétés qui le déshonorent, vous élaguerez de l'arbre de vie, ces plantes parasites et vénéneuses qui l'enlacent, le cachent et l'étouffent de leurs végétations inmondes...

« Lisez-la donc, messieurs, cette légende de *Sainte Philomène* et vous saurez ce qu'il faut penser d'hommes qui propagent cette œuvre de mensonge. Ils se disent les amis du peuple et (au rebours du père dont parle saint Mathieu), aux jeunes âmes qui leur demandent le pain de la vérité, ils donnent pour aliment le poison de la superstition !...

« Réprimez donc avec calme et vigueur en pratiquant cette belle maxime de saint Augustin : *« Immoler l'erreur et aimer les hommes. »*

L'accusation était grave ; les expressions du pétitionnaire étaient, par leur violence, en dés-

accord avec le ton habituel du langage administratif. Le Conseil géneral déclara *que, sans se
préoccuper de cette pétition*, il adoptait toutefois
une résolution qui appelait l'attention sérieuse
du gouvernement sur les fâcheux résultats que
devait amener dans le département le nombre
croissant des maisons et établissements religieux [1].

Bordillon n'avait fait évidemment, en présentant sa requête, que se préoccuper d'un état de
choses qui attirait l'attention *spontanée* de l'assemblée départementale. Ses paroles vives et passionnées ne blessaient d'ailleurs aucune croyance; elles
attaquaient seulement des actes étrangers au dogme
catholique et en demandaient la répression au
nom de la morale chrétienne. Il serait superflu
d'insister pour le défendre contre les allégations
injustes qui lui reprocheraient d'avoir outragé une
foi religieuse ; il serait aisé aussi de remarquer
qu'il ne crut pas provoquer une mesure arbitraire
et violer sa foi politique.

______

[1] Lettre de M. de Marcombe, président du Conseil général au
rédacteur en chef du *Journal de Maine-et-Loire*.

S'il avait pu douze ans plus tôt, dans une lettre que j'ai citée, se prononcer avec une générosité juvénile en faveur de ces jésuites, qu'en
1859 il poursuivait si sévèrement, c'est qu'alors
il ne tenait pas compte defaits que, depuis, il put
mieux connaître et qui modifièrent ses opinions
premières ; c'est qu'alors il n'avait pas encore
remarqué la différence qui existe entre *une association* et une *congrégation*, — l'une simple réunion momentanée d'individus ordinairement isolés, l'autre, petite république en permanence
dans l'État. En demandant l'exécution *des ordonnances de* 1828 contre la Compagnie de Jésus,
il ne crut pas transgresser un principe de liberté,
car l'abus de ce principe lui semblait tourner
contre la liberté elle-même ; il était permis à un
libre penseur de redouter cette compagnie dont
les empiétements avaient alarmé le catholique
Charles X, un évêque son ministre, et le Souverain Pontife lui-même [1].

Non ! — je tiens à le remarquer : ce sont de tris-

[1] Lettre du cardinal de Latil, communiquant à tous les évê-
ques de France la *Réponse de Rome* aux *Ordonnances royales*.

tes mœurs politiques celles que nous imposent les embarras de notre état social ! Ceux qui aiment la liberté sont-ils donc obligés de la soutenir ainsi ? Un *libéral* fait appel au pouvoir *administratif;* il demande *justice* à un ordre de magistrats *extra-judiciaire...* Ignorons ses adversaires ; mais, au nom de ses intentions pures, demandons-lui compte, à lui, de la marche qu'elles ont suivie : il est facile de trouver pour le défendre des arguments subtils : il est impossible de le défendre par la raison et par le droit.

Le *Journal de Maine-et-Loire*, depuis la retraite de Bordillon, s'était de plus en plus engagé dans la voie où il est demeuré presque sous tous les régimes : il était devenu le journal officiel, le moniteur préfectoral de l'Anjou. Il y avait place à côté de lui pour une feuille ouverte aux libres manifestations de l'opinion. Bordillon et quelques-uns de ses amis créèrent, en 1840, *le Précurseur de l'Ouest.*

Les débuts de la nouvelle feuille ne paraissent pas aujourd'hui dénués d'intérêt. On y voi un trait de mœurs politiques anciennes déjà, — comment le pouvoir comprenait, il y a vingt-sept ans, les droits de la presse.

« Les quatre imprimeurs de cette ville, écrivait Bordillon dans le prospectus du nouveau journal, nous ont successivement opposé des refus de concours dont rien n'a pu vaincre la persistante ténacité.

« L'un se trouvait paralysé par un traité, l'obligeant vis-à-vis d'une autre publication à n'imprimer aucun autre journal, sous la menace d'une clause pénale ruineuse. Deux autres refusaient dans les termes les plus explicites en indiquant les dissidences politiques et religieuses qui, pensaient-ils, les séparaient de nous ; le quatrième enfin, opposait à son acceptation des conditions inadmissibles, par exemple, celle de se constituer censeur de tout ce qui lui semblerait avoir trait à une appréciation des doctrines ou des actes du clergé catholique.

« C'est alors qu'après une mise en demeure officielle, restée elle-même inefficace, nous avons dû nous adresser au gouvernement. Il n'y avait,

quant au parti à prendre, ni doute, ni équivoque
possibles. Le ministre l'a loyalement compris [1].
Nous aimons à constater un acte qui l'honore.
Après donc de nouvelles tentatives qui, de sa
part aussi, sont restées impuissantes, pour amener les imprimeurs à ne pas nécessiter par
l'illégalité de leurs refus, la concession d'un
nouveau brevet, le ministre a reconnu le droit
de fonder une imprimerie rendant possible la
publication du journal et affranchissant désormais l'expression de la pensée de toutes les restrictions, de toutes les entraves que prétendaient
lui imposer en ce pays des préoccupations subalternes. »

Sage conduite, celle d'un ministère qui préfé-
rait ainsi, dans nos départements de l'Ouest, si
sourdement rancuniers, la discussion parfois
agressive d'une feuille rédigée par des hommes
consciencieux, au calme apparent sous lequel
s'enveniment et s'invétèrent les haines de parti !

Et maintenant quel programme voulait poser

[1] M. de Rémusat.

et développer *le Précurseur de l'Ouest?* Bordillon le traçait en ces termes :

« Notre foi à nous, c'est que le principe au nom duquel la grande et sainte Révolution française s'est faite, recèle en germe pour la nation tout un avenir d'élévation morale, de développement intellectuel, et de bien-être dont chaque jour doit évolver les promesses et préparer l'avénement.

« Réclamer l'immobilité, c'est à nos yeux nier les lois de la Providence et méconnaître les conditions mêmes de calme et de sécurité de nos sociétés modernes ; c'est irriter d'une activité maladive de généreux instincts que la compression aigrit et déprave ; c'est aussi (qu'on le sache ou qu'on l'ignore) convier autour de soi, pour être bientôt débordé par elles, ces passions rétrogrades perfidement habiles à se produire comme les soutiens de l'ordre, quand leurs efforts poussent vers la réaction.

« L'ordre pour l'homme, comme pour le corps social, est l'obéissance aux lois de sa destinée : l'ordre n'est pas la fièvre qui exalte et dévore,

ou le marasme qui gangrène et corrompt, c'est
la vie féconde éminemment conservatrice parce
qu'elle accomplit sans secousse son développement incessant et continu !

« Or, pour les sociétés européennes, pour la
France (si elle ne veut pas abjurer le noble
privilége de marcher à leur tête), la destinée
dont le sentiment profond vit au cœur du pays,
c'est de conquérir, de propager, sous toutes les
formes et pour tous, les bienfaits de la civilisation ; de demander aux études de la science
qu'elles nous révèlent les lois du monde extérieur
et aux travaux de l'industrie qu'ils les domptent
comme un instrument docile et les accommodent
à nos besoins ; c'est aussi de demander aux enseignements de l'histoire, aux aspirations de la
charité les moyens d'assurer de plus en plus,
pour tout homme venant en ce monde, protection à sa faiblesse, secours à ses misères, développement de toutes les facultés qu'il a reçues
de Dieu.

« Là, en effet, se résume la tâche suprême
de la civilisation ; la Révolution française, qui

l'acceptait comme principe et but de tous ses efforts, l'a nommée de cet ineffable nom de *fraternité* que dix-huit siècles plus tôt avait proclamé l'Évangile. La Révolution française a brisé le passé comme un injuste et brutal outrage à la *fraternité*, nous léguant le devoir de la faire de mieux en mieux pénétrer dans nos lois et nos mœurs. »

Le Précurseur de l'Ouest, après une carrière de onze années pénibles à travers les luttes et les procès, devait succomber au lendemain du 2 décembre, — sans procès.

Il convient de rappeler à côté du nom de Bordillon les noms de MM. Peauger, Adam, Maige, qui jouèrent un rôle incessant dans la rédaction du journal.

M. Peauger, entré en relations avec le prince Louis-Napoléon Bonaparte, détenu au fort de Ham, inspira une haute estime au prisonnier, qui s'aida de son instruction et de son talent pour composer ses *Recherches sur le paupérisme*. Le président de la République française se souvint plus tard du journaliste, et il l'éleva aux fonctions de directeur de l'Imprimerie nationale ; mais bientôt M. Peauger abandonna volontairement cette position : il ne reconnaissait plus dans la politique de l'Élysée la politique de Ham ; son indépendance, qu'il n'avait pas cru compromettre en franchissant le seuil de la prison, recula sur le seuil des Tuileries. Si l'empereur a su quelles ont été, durant quelque temps, les dures épreuves de M. Peauger, devant cette pauvreté stoïque, qui grandissait l'adversaire, il n'a pas dû s'empêcher de regretter l'ami.

Le Précurseur de l'Ouest fut, pendant plusieurs années, l'engin de guerre de l'opposition libérale dans une lutte qui, alors, passionna la presse parisienne elle-même et qui renouvela presque, au sein d'une ville d'ordinaire assez pacifique, les conflits byzantins des *verts* et des *bleus*. Lutte bien oubliée maintenant !...

> ....Quoi ! vous ne savez pas
> Qu'Éléphantide eut guerre avecque Rhinocère [1] ?

[1] La Fontaine, le Singe de Jupiter et l'Éléphant.

Ainsi va le cours des choses : ce n'est pas aujourd'hui sans quelque embarras, sans la crainte de paraître trop naïvement historiographe de mon clocher, que je rappelle, en deux mots et par pure nécessité, ces interminables débats, dont toute la France se préoccupa, où éclatèrent de si bruyantes colères, où tant de stratégie fut déployée, où les piqûres d'épigrammes faillirent amener parfois des piqûres d'épées. Depuis longtemps toutes ces grosses querelles dorment apaisées et poudreusement enfouies dans de froids procès-verbaux d'archives municipales.

En 1843, M. Augustin Giraud, ex-député, dut au patronage de M. Duchâtel, ministre de l'intérieur, les fonctions de maire d'Angers. La majorité du conseil municipal repoussait le nouveau magistrat, représentant trop officiel à ses yeux de l'autorité ministérielle.

On vit dès la première séance se produire une scène de haute comédie administrative, dont on ne retrouverait peut-être pas un autre exemple. Un membre du conseil prit gravement la parole et pria M. le maire de vouloir bien mettre aux voix une motion conçue à peu près en ces termes : « Le conseil déclare que la nouvelle administration municipale n'est pas investie de sa confiance. »

Le maire ne jugea pas à propos, on le conçoit, de soumettre aux suffrages une telle proposition ; le conseil, de son côté, déclara qu'il ne lui était pas possible de traiter aucune affaire avec une *administration qui n'avait pas sa confiance.*

Depuis lors, et durant cinq années de 1843 à 1848, la situation demeura la même : le maire refusait de battre en retraite devant l'énergique manifestation de *non-confiance*, et le conseil refusait son concours devant l'inflexible ténacité du maire. Presque tous les services publics se trouvèrent en état de souffrance ; une irritation incessante remuait la ville, et les journaux de Paris, répondant vite aux plaintes locales, donnèrent à ce conflit de province une importance presque nationale.

Il faut en effet le reconnaître : il y avait là quelque chose de plus qu'une querelle mesquine

d'entêtements et d'amours-propres rivaux : il s'a-
gissait au fond de savoir quels droits apparte-
naient à la commune, si elle était soumise à la
tutelle, ou si elle était libre de disposer d'elle-
même à sa guise, — de se gouverner en petite
république.

Cette question suffit à envenimer tout le débat
et aussi à lui conserver en dépit de mille incidents, indignes aujourd'hui du moindre souvenir,
une certaine grandeur qui se retrouve toujours
là où se manifestent l'absolu d'un principe et la
vigueur des caractères.

Bordillon, membre de l'assemblée municipale,
fût l'âme de cette résistance : sa parole mordante,
alerte aux interruptions, saisissant les moindres
faiblesses de l'adversaire pour lancer un mot
railleur ou un argument redoutable ; sa sou-
plesse pour rompre à temps lui-même, ne
se pas découvrir ou laisser tourner ; enfin la tactique consommée du chef de parti, le révélèrent
tout entier durant ces années de combat. Ses
concitoyens comprenaient qu'il était fait pour des
luttes plus grandes et des causes plus élevées.

Mais la scène politique ne s'ouvre pas à heure fixe devant l'homme qui se sent mûr pour y enrer; il ne la rencontre pas, comme l'artiste trouve, quand il le veut, le marbre ou la toile pour réaliser son œuvre idéale et longtemps méditée. Un fatal concours d'affaires compliquées, de revers de fortune, de tâches obscures et pénibles, a toute sa vie tenu Bordillon loin du rôle qui lui convenait, et a montré, une fois de plus, le triste spectacle de qualités supérieures enfouies et perdues, qu'ont pu seuls apprécier ceux à qui il a été donné de les voir de près.

Pourtant, Bordillon devait avoir son jour et presque toucher son but.

VI

Tout le monde le sait : la Révolution de 48 fut un coup de foudre : vainqueurs, vaincus, en quelques heures se trouvèrent brusquement jetés dans la plus inattendue des tourmentes, cherchant la voie à travers un conflit de faits et de passions où les espérances et les enthousiasmes eux-mêmes étaient mêlés de stupeur.

L'histoire nous a dit quelles anxieuses pensées pesaient sur le cœur de ceux qui, dans l'Hôtel de Ville, avaient mission d'improviser l'ordre, la liberté, la paix, devant Paris soulevé, la France alarmée et l'Europe menaçante.

Ce ne fut pas leur moins lourde tâche que celle

de choisir à la hâte les hommes qui, dans chaque département, allaient être chargés de représenter le gouvernement nouveau, de le protéger contre les craintes, les haines de ses adversaires et aussi contre le zèle de ses amis.

On sait trop peu à Paris, où les révolutions se produisent dans leur initiative première, dans leur dramatique et terrible grandeur, comment elles se font à distance, en province, — là où elles n'arrivent que par une suite de contre-coups, atténués à la première heure par les agents du pouvoir qui succombe, et, presque aussitôt, exagérés par les agents du pouvoir qui triomphe. Paris est en pleine mêlée, la fièvre de la bataille y enivre les têtes et les cœurs ; on ne se préoccupe guère alors des malheurs individuels qu'avant peu on y déplorera si haut ; chacun a le frémissement de la lutte, voit les choses de près, a de prompts entraînements ou des terreurs peu durables. Les départements, trop loin du combat pour y prendre part et en suivre les péripéties, ne savent où en est la bataille, de quel côté sont les chances de succès : ils n'ont d'autres indices que les bruits menaçants qui leur arrivent. Les inévitables ruines des fortunes, des positions acquises, sont prévues par la province avec une épouvante réfléchie, tandis que Paris jette impétueusement en sacrifice vies et biens. On attend avec anxiété le dénoûment du drame ; on prépare déjà les factions locales, des résistances entêtées ou des dominations tyranniques : les petites rivalités de l'amour-propre personnel, si vivaces là où les individualités se connaissent à fond, apparaissent plus implacables dans le danger commun.

La ville d'Angers était dans cet état d'inquiétude exaltée, lorsqu'y parvint la nouvelle de la proclamation de la République. Un décret, signé Ledru-Rollin, y apportait en même temps la nomination de Bordillon comme Commissaire du Gouvernement.

Ce nom avait un sens pour tout le monde dans la cité ; mais presque tous s'y trompaient. Ils ne voyaient dans le magistrat d'aujourd'hui que le chef de parti d'hier : on se rappelait des paroles emportées, des discussions ardentes. Beaucoup redoutaient dans le Commissaire de la République, sous sa loyauté bien connue, l'âpre rigidité d'un sectaire.

Une opinion très-répandue, et très-fausse, a depuis longtemps mis en vogue le mot de Joachim du Bellay, — *la mollesse angevine* : cette prétendue langueur n'est, aux yeux de quiconque l'a étudiée de près, qu'une réserve calculée et fine, — une volonté qui ne veut que par-elle-même, qui ne s'impose pas et qui ne s'en laisse pas imposer : l'Anjou est plus qu'on ne croit fermé aux ambitieux de coterie ; il les repousse sans bruit avec l'inflexible douceur de son bon sens ; les partis y sont fortement accentués et pourtant enveloppés d'une couche de discrète honnêteté, de convenance, de quasi-sympathie dans l'hostilité, en sorte qu'on ne peut les mettre trop rudement aux prises : les intelligences et les caractères de ce pays pourraient être comparés aux grèves de la Loire, où l'infiltration des courants ne se fait qu'avec une imperceptible lenteur, mais sur lesquelles il ne faut s'avancer que d'un pas prudent.

Bordillon vit, dès la première heure, la complexité de sa mission : républicain de vieille date, voulant avec foi et dévouement le triomphe de ses principes, il sentait, par la force même de sa conviction personnelle, que le succès d'une révolution ne peut être l'œuvre d'un jour, qu'il s'agit moins, pour la faire réussir, de retourner brusquement les esprits que de les préparer, par une conciliante persuasion, à s'engager d'eux-mêmes dans la direction nouvelle.

Il connaissait les divers éléments de l'opinion publique dans l'Anjou. A la *légitimité* se rattachait un parti puissant par sa richesse et son alliance avec le clergé ; il recevait une unité vivante et forte d'un chef prodigieusement *politique*, célèbre déjà par son académique et pourtant séductrice éloquence ; la bourgeoisie presque tout entière voyait avec amertume la chute du régime orléaniste ; le peuple, dépendant par ses travaux quotidiens de l'une et de l'autre de ces classes, en même temps investi de droits dont il n'avait pas encore l'expérience, était à la merci de fallacieux patronages ou de perfides excitations.

Pour le Commissaire du Gouvernement, il ne
s'agissait donc pas d'improviser des républicains
dans ce milieu, composé de vieux partis et d'une
fraction incertaine; il fallait seulement faire en
sorte qu'il y eût, pour le présent, le moins possible de républicains factices, et que la loyauté,
la tranquillité préparassent les esprits à se trouver
un jour, si la destinée le voulait ainsi, républicains comme à leur insu, par tradition, par intérêt, par patriotisme.

A peine revêtu de ses fonctions, Bordillon
adressa à ses concitoyens cet appel, premier
acte de sa carrière administrative :

« Citoyens du département de Maine-et-
Loire !

« Je ne pouvais prévoir ni désirer la mission
temporaire que m'impose la confiance du Gouvernement. Si grave qu'elle soit, les circonstances ne me permettent pas d'hésiter ; j'en accepte
devant Dieu et devant mes concitoyens toute la
responsabilité.

« La République française vient d'être proclamée à Paris par une révolution dont la soudaineté et la grandeur, sans exemple dans les annales du monde, sont marquées du doigt de la Providence.

« Notre noble France est toujours la fille aînée des nations !

« Une ère nouvelle s'ouvre aujourd'hui pour elle, et à sa suite, à son exemple, pour toutes les provinces de la République européenne, une ère de liberté, de dignité, de dévouement fraternel !

« Le programme du Gouvernement républicain, c'est la réalisation progressive de toutes les généreuses aspirations de l'âme humaine, c'est l'amélioration morale, intellectuelle et physique de tous les enfants de la commune patrie.

« Citoyens ! la République vous convie tous à l'accomplissement de cette œuvre. Le passé a pu laisser à quelques-uns de vous des souvenirs et des regrets dignes de respect, qu'ils y restent fidèles ! Mais, quand visiblement ce passé est évanoui sans retour possible, quand le gouverne-

ment loyal et ferme qui vient de ressaisir le ti-
mon de l'État est le seul qui puisse sauver la société d'épouvantables catastrophes, quel bon citoyen refuserait aux chefs de la Nation le concours et la confiance qu'ils réclament pour le
salut et le bonheur de tous !

« L'adhésion que le gouvernement républicain attend n'a rien de commun avec les cour-
tisanesques protestations de fidélité et d'amour
prodigués à l'avénement des royautés de tous les
régimes. C'est par ses actes que la République
saura dissiper les préventions de ceux que son
avénement effraye, par ses bienfaits qu'elle entend commander leur acquiescement et leur
respect.

« Pour inaugurer avec calme dans nos contrées
ce gouvernement démocratique auquel l'avenir
appartient, que tous les hommes d'honneur et de
bon vouloir me soient en aide !

« En recevant mes pouvoirs à l'hôtel de ville
d'Angers, mon premier acte a été de me rendre
auprès de l'évêque de ce diocèse, pour lui témoi-
gner de mon profond respect pour les croyances

chrétiennes, lui donner l'assurance de la protection que la République garantit au culte et à ses
ministres, et lui demander leur loyal concours
à la mission d'ordre et de conciliation, de patriotisme et de liberté, que j'ai à remplir en ce
département.

« J'adresse le même appel à tous ceux qui
acceptent les devoirs d'un homme libre et comprennent la dignité du titre de citoyen ! »

Ces paroles, où se mêlait un enthousiasme
contenu, une raisonnée et confiante discussion
des devoirs commandés à tous par les événements, font connaître ce que voulut être et ce
que fut Bordillon, durant son administration,
mieux que tout ce qu'on en pourrait dire.

Ainsi il répondait, dès le début, à ceux de ses
adversaires qui lui avaient jeté, sans le connaître, des épithètes empruntées à l'histoire d'un
autre temps. A ceux qui auraient voulu accoler à
son nom je ne sais quelles idées de violence, de
terreur, il adressait doucement des paroles de
cordialité et de paix ; aux doctrines religieuses,

qui n'étaient pas les siennes, il venait dire res-
-pectueusemènt : « Vous êtes sorties de l'Évangile, nous pouvons nous unir dans la Fraternité. »

Rappelons aussi que sa protection ne se borna
pas envers ceux qu'il avait combattus la veille à
de simples phrases : tel de ces couvents qu'il
avait attaqués au nom de la loi, lui a dû, en face
de l'émeute, d'être préservé du pillage et de l'in-
cendie.

Il y a dans la proclamation que je viens de citer, un mot qui doit être remarqué : *toutes les
provinces de la République européenne*. Telle
était , dans ses dernières années surtout , la
préoccupation fixe de Bordillon : il croyait prochaine une grande et fraternelle alliance des diverses régions de notre vieux monde, due aux
exemples de la démocratie américaine : il entre-
voyait la réalisation de ce rêve consolant, — *les
États-Unis d'Europe*.

Aussi, à travers les petitesses de la politique
ou les cruautés de la guerre, poursuivant toujours son but, il pensait, un peu témérairement

peut-être, que les rapides *unifications* des races par la suppression des frontières factices, devaient, en fin de compte, profiter à la liberté plus qu'au despotisme : le problème est trop étendu et compliqué pour que je veuille le discuter ; mais il était nécessaire de mentionner en passant cette opinion de Bordillon pour faire mieux comprendre certaines de ses lettres.

Il avait l'intelligence des devoirs nouveaux qui lui étaient imposés, et il allait les remplir avec une laborieuse et froide volonté : il allait être un chef d'administration prudent, ferme, ne reniant pas plus le fardeau des affaires que celui de la lutte politique.

Mais, ce n'est pas dans sa tâche obscure que nous pouvons aujourd'hui trouver quelque intérêt à le suivre : ce qui attire l'attention dans la simple histoire d'un homme, c'est le côté extérieur et bruyant, la manifestation des idées et des événements qui le dominent, beaucoup plus que le cours régulier des actes qu'il accomplit sous leur influence.

Qu'on se rappelle les premières pages de cette

notice, celles où sont retracées les émotions politiques qui, au lendemain de la révolution française, apportèrent autour de Bordillon de vagues
images des grandes scènes à peine accomplies, —
les rumeurs de 89, de 92, appels de la Nation,
cris de triomphe des citoyens, toutes ces choses
si loin de nous, et qui nous remuent encore
d'un tressaillement intime et profond. Pour lui,
l'avénement de la République était le commencement d'une ère. Un souvenir personnel me le
représente encore quelques heures après l'annonce de la grande nouvelle : ses paroles ne pouvaient être recueillies et comprises alors par un
enfant, mais ce qu'un enfant a pu saisir, c'était
l'expression, pour ainsi dire religieuse, de cette
noble et sévère figure, où le regard disait à la fois
l'immense inquiétude de la responsabilité et la
sereine joie des convictions satisfaites.

Les esprits étaient exaltés ; des manifestations
populaires demandaient à se produire ; Bordillon
se hâta de répondre à ces instincts impatients et de
les régler. Il imagina, avec son cœur de poëte

et de patriote, des fêtes d'un caractère grandiose, presque étrange, qui réveillaient dans toutes les mémoires, les récits des fêtes de la Convention.

Il n'y avait, toutefois, ni pastiche mesquin, ni puérile réminiscence, dans ces cortéges de citoyens que la ville d'Angers a vus plusieurs fois, sous les arbres de ses promenades, se dérouler en chaîne joyeuse, étincelante de fleurs, de drapeaux, de guirlandes, enivrée du chant de *la Marseillaise*.

Un jour, au milieu de cette pompe nationale, s'avançait un char qui s'arrêtait en pleine place publique; d'une presse qu'il portait, sortait imprimée et distribuée à milliers d'exemplaires, la Constitution républicaine.

Quelques jours plus tôt, on s'était rendu solennellement sur le vieux pont d'Angers pour y poser le piédestal de la statue de Beaurepaire. Elle n'a jamais été exécutée par l'artiste. David en avait conçu l'idée : il en avait même tracé un crayon, effrayant par sa réaliste vigueur : il voulait montrer Beaurepaire le pistolet aux dents et prêt à se tuer.

Il est des idées, des faits qu'il ne faut pas trop analyser au point de vue moral et au point de vue historique, pour ne les altérer ni dans leur grandeur convenue ni dans leur vérité relative.

Gardons-le donc, nous, Angevins, notre Beaurepaire de la légende ! Après tout, c'est la France qui nous l'a fait ainsi : à un certain jour elle a voulu être romaine : il lui a fallu du sang versé à la manière de Brutus et de Caton, comme il lui a fallu des mots et des phrases renouvelés de Tite Live et de Tacite ; elle a choisi, pour le porter au Panthéon, l'un des nôtres ; — ce n'est pas à nous de discuter quelle main l'a frappé : il est tombé aux avant-postes[1] !

Beaurepaire était une figure qui, naturellement, reparaissait en sa ville natale dans l'élan de 48 : le Commissaire du Gouvernement avait réveillé ce souvenir sympathique à l'Anjou pour inaugurer le règne de la République.

Nulle autre fête de la cité n'eut un tel carac-

---

[1] Des travaux sérieux ont été faits dans ces dernières années, pour prouver que Beaurepaire ne s'est pas suicidé, mais qu'il a été assassiné.

tère : à vingt ans de distance, il est aussi facile à un esprit qui ne recevait·alors d'autres impressions que celles qui peuvent frapper une imagination enfantine, de retrouver ce tableau que s'il venait de se dérouler hier. Est-ce étonnement naïf? n'est-ce pas plutôt la durable empreinte que laissent en nous les grandes choses, reflet des grands sentiments?

On posait le piédestal de la statue de Beaurepaire sur le Vieux Pont d'Angers ; le lieu était admirablement disposé pour *la mise en scène :* le fleuve, gonflé par la crue d'hiver, ayant un grondement un peu sinistre, qu'étouffaient les clameurs, les chants, la musique, le canon ; en aval, en amont, les lointains horizons de la vallée de la Maine ; au premier plan, une longue ligne de quais, où le cortége s'avançait, tournait et pouvait se faire spectacle à lui-même ; en tête marchaient des émigrés polonais, puis venaient tous les ordres, toutes les classes de magistrats, de citoyens. Deux édifices gigantesques dominaient : le château féodal des ducs d'Anjou avec ses dix-huit tours, et la cathédrale de Saint-Maurice avec ses deux flèches entre lesquelles flottait un drapeau tricolore.

Cette bannière avait été arborée le matin même par ordre de l'évêque, sur la demande du Commissaire de la République.

Quand le cortége fut arrivé sur le pont, et qu'il y eut fait halte, Bordillon sortit des rangs et dit :

« Citoyens,

« Aujourd'hui, la République rend hommage à la mémoire de Beaurepaire !

« Dès l'aube le drapeau tricolore a été arboré au faîte de notre cathédrale, dominant toute la cité, visible de tous les points, pour tous les regards.

« C'est l'image et le radieux symbole du gouvernement républicain qui, lui aussi, domine et veille sur tous les points de la commune patrie, sur tous les enfants de la nation.

« Noble drapeau, au-dessus de toi rien ne s'élève ! rien, — sinon le seul étendard au-dessous

duquel puisse flotter le drapeau de la République,
la croix du Christ ! »

— *Un immense cri de :* Vive la République !
s'élève de tous les rangs de l'Assemblée. Le Com-
missaire du Gouvernement reprend la parole :

« A vous d'abord, nobles débris de la révolution polonaise; autour de ce monument d'un
martyr, la première place vous appartient !

« C'est de votre nation qu'on peut dire ce que
disait notre Jeanne d'Arc à sa bannière : « Elle
était au combat, qu'elle soit à l'honneur. »

— *Les cris de :* Vive la Pologne! *retentissent*
de toutes parts.

L'un des réfugiés polonais sort du groupe de
ses camarades, et s'écrie :

« La France est notre seconde patrie, pour elle
les Polonais sont prêts à verser tout leur sang !
Vive la République ! »

Le Commissaire du Gouvernement :

« Votre sang, vous l'avez répandu à flots pour

la France sur tous les champs de bataille de la
république et de l'empire !

« Légions de Dombrowski, lanciers de Ponia-
towski, vous fûtes les braves des braves ! Qui
donc en France vous pourrait oublier ? A d'autres
nations la Providence a donné la richesse, l'industrie, les arts en partage, mais, vous, votre rôle
fut le meilleur ! Vous êtes bénis entre tous les
peuples, vous peuple de chevaliers, que Dieu
trouva dignes d'être, durant trois siècles, le bou-
levard, l'arrière-garde de la civilisation chrétienne ! A ceux qui croient la Pologne effacée de
la carte de l'Europe, dites qu'une pareille nation
ne saurait mourir !

« Son heure est venue avec le triomphe de la
République ; mais la Pologne qui va renaître
n'est pas la Pologne mutilée par Catherine, par
Frédéric, par Marie-Thérèse, la Pologne des
traités de 1815. Non ! c'est la Pologne de Jean
Sobieski ! Vive la Pologne ! »

— De toutes les bouches s'élance ce même cri.

Le Commissaire du Gouvernement s'adressant

aux élèves du Lycée national et de l'École des arts et métiers :

« Élèves des écoles ! votre place était marquée aussi dans toutes les fêtes de la République ; en son poétique langage, elle vous nommait le *bataillon de l'Espérance !*

« Vous êtes son espérance en effet, soyez bientôt son appui, vous génération nouvelle, pour laquelle de si belles destinées viennent de s'ouvrir.

« Au cœur de la jeunesse que tous les nobles sentiments de l'âme germent et s'épanouissent comme en un sol généreux ! La République vous entoure de sa sollicitude : les soins qu'elle vous prodigue vous font contracter de solennels devoirs envers elle. Il vous sera beaucoup demandé, car il vous a été beaucoup donné : la tâche se mesure aux forces !

« Rappelez-vous l'hymne de Joseph Chénier :

« Les républicains sont des hommes,
« Les esclaves sont des enfants. »

— *Les cris :* Vive la République! *interrompent l'orateur.*

Le Commissaire du Gouvernement s'adressant à l'armée :

« Soldats,

« Vous êtes les enfants d'élite de la République! Pour s'entourer d'esclaves et de mercenaires, les despotes recrutent leurs armées par l'argent ou par la contrainte. La République, pour entourer ses frontières d'une ceinture de quatorze armées, n'a eu qu'à dire au peuple :

> « Allons, enfants de la Patrie,
> « Le jour de gloire est arrivé !

« L'armée, c'est le courage organisé, c'est la discipline ; sous les rois, la discipline militaire, c'est la peur, c'est le knout du cosaque, le bâton du sergent autrichien, le fouet des armées britanniques...

« La discipline dans les nobles armées de la France, c'est la conscience d'un homme de cœur ! c'est le dévouement au devoir !

« La République vous nommait les *défenseurs de la Patrie;* serrez-vous autour d'elle qui vous convie tous aujourd'hui à la dignité et à l'exercice des droits de citoyen !

« Gardes nationaux,

« Cette fête est la vôtre. Des rangs de la garde nationale sortait le bataillon dont l'héroïque commandant mourut à Verdun. Ces conscrits de la veille, à peine arrivés à la frontière, prenaient leur rang de bataille à Jemmapes aux cris de : *vive la Nation!* Encore quelques étapes, et voyez ! au combat de Grand Rhin, le régiment de ligne de Vintimille, décimé par la mitraille, vient se reformer à leur abri : la cavalerie autrichienne s'ébranle... ces héroïques enfants reçoivent et brisent sur leurs baïonnettes trois charges de régiments allemands ! Vive la République ! »

Mille voix répètent ce cri avec un indicible enthousiasme.

Le Commissaire du Gouvernement s'adressant aux corporations d'ouvriers :

« Ouvriers !

« Vous auxquels me rattachent tous mes souvenirs d'enfance, toutes mes traditions de famille, vous qui aujourd'hui avez des courtisans
aussi, vous que j'aime et respecte trop pour vous
flatter jamais !

« Rappelez-vous que des ouvriers formaient
l'immense majorité de ces bataillons de volontaires dont nous saluons aujourd'hui le premier
commandant.

« Rappelez-vous cette insolente provocation
que vos pères firent expier par quinze ans de
victoires !

« Quand l'esprit de vertige poussait, au delà
du Rhin, ces émigrés d'une si chevaleresque bravoure, eux aussi, mais égarés, pervertis, comme
ceux que la Providence veut perdre, ils se van-
taient d'en finir en quelques jours avec les volontaires de la République. « Ce ne sont, disaient-ils,
que des cordonniers et des tailleurs! »

«Oui, c'étaient des cordonniers et des tailleurs !
c'étaient des ouvriers, des paysans qui formaient

les bataillons de la république ; mais ces cordonniers et ces tailleurs ont battu les émigrés, les rois et toute la gentilhommerie européenne ! Dites quel est le trône qu'ils n'aient pas brisé, quel est le monarque qu'ils n'aient pas chassé de sa capitale... Vive la République ! »

Une immense acclamation répond à ce cri.

Un ouvrier : « Que la République nous soutienne et nous la soutiendrons ! »

Le Commissaire du Gouvernement :

« Citoyen ! point de conditions avec la patrie : certes, la République vous soutiendra ; c'est son vœu, c'est son devoir ; mais le vôtre, à vous, notre devoir à tous, c'est de nous dévouer à elle sans échange, sans retour, l'œil de Dieu seul fût-il le témoin de notre sacrifice !

« Vive la République ! »

— Acclamations prolongées.

Le Commissaire du Gouvernement se tournant vers le groupe des vieillards réunis aux places d'honneur de l'estrade, qui tous ont appartenu au bataillon des volontaires de Maine-et-

Loire, et parmi lesquels on remarque son père :

« Et vous, derniers et trop rares débris d'une
génération héroïque ! vous, nos pères, nos guides
et nos modèles, que cette fête remplisse vos âmes
d'une ineffable allégresse ; l'heure enfin est venue
où votre Beaurepaire reçoit de sa patrie le monument que votre reconnaissance attendait !

« A quelles grandes choses il vous a été donné
de prendre part ! depuis ce jour où, nobles sol-
liciteurs, vous assiégiez en foule l'Hôtel de la
Commune, huit mille à la fois, vous disputant
la faveur de prendre rang dans le bataillon qui
se formait pour courir à la frontière !

« La République avait soudainement transformé, exalté toutes les âmes, refoulant tous les
instincts vulgaires.

« Sous son inspiration, ces bourgeois, ces ma-
nants, ces sujets de la veille, trouvaient soudain
des actes, des paroles dignes des hommes de
Plutarque : « Pars ! disait à l'un de vous, son fils
« unique, un père infirme et déjà vieux : je ne te
« reverrai plus, mais vive la Nation ! »

*— Un immense cri de Vive la République !
part de tous les rangs de l'assemblée.*

*Le Commissaire du Gouvernement reprend la
parole :*

« Citoyens ! vétérans de la cause nationale !
bénissez Dieu qu'au noble crépuscule d'une vie si
bien remplie, il vous ait départi, à vous, la joie
de voir tous vos vœux s'accomplir en France.
Vous avez combattu, il y a un demi-siècle pour y
fonder, pour y défendre la République ; vous
pouvez dire à cette heure comme le vieillard des
Écritures : « Je mourrai en paix, désormais, j'ai
vu s'accomplir ce que sollicitaient mes vœux, ce
qu'attendaient mes espérances. Vive la République ! »

Est-ce là le langage d'un homme de ce temps-
ci ? et ne s'agit-il donc que d'un fonctionnaire
obscur, qui dans sa ville de province fait un discours officiel ?

Ces phrases tonnent ; ces paroles débordent à
plein cœur de la poitrine de l'orateur ; elles vont
soulever ses auditeurs, qui, emportés, se font

orateurs eux-mêmes ; le dialogue s'engage : il y a des apostrophes et des répliques comme dans le *forum* antique.

Cependant, c'est moins peut-être à des réminiscences politiques qu'il faut se reporter qu'à des réminiscences littéraires. N'exagérons rien : disons toutefois qu'on ne peut s'abstenir de rapprochements involontaires : n'y a-t-il pas là, comme dans *les Perses* d'Eschyle un drame joué, par une cité entière, avec tous ses citoyens pour acteurs, et un éminent citoyen pour coryphée ? Tout y est, et les rumeurs grandioses et les évolutions du chœur, et les imposantes attitudes de l'acteur isolé.

Car (il est nécessaire de le dire), ces dons physiques que la nature accorde à ceux qu'elle crée grands orateurs, elle les avait prodigués à Bordillon. Son âme, sa parole apparaissaient, comme traduits, dans toutes les expressions de son visage et de son geste.

Le discours que je viens de citer n'est pas exempt de quelque emphase : on y sent le langage parfois naïvement outré des orateurs de la

Constituante, de la Législative, de la Convention ;
mais, si je ne me trompe, dans ce défaut, en est
tout le charme : *l'improvisation* est visible à
chaque mot ; elle était réelle.

Bordillon, né quatre-vingts ans trop tard, n'a
pu siéger à côté de Mirabeau, de Vergniaud, de
Desmoulins, et pourtant, qu'il eût été beau dans
ces jours de fièvre sublime !

Imaginez, à l'heure où Brunswick est sur le
Rhin, où la contre-révolution s'organise sur le
territoire de la République, un homme de quarante ans environ, qui monte à la tribune, ceint
de l'écharpe tricolore, unissant l'âpre rudesse
d'un puritain politique et la fine distinction d'un
homme de lettres. Sa taille est haute, fort au-
dessus de la moyenne ; les bras seraient démé-
surément longs, s'ils ne s'étendaient dans une
enceinte tellement vaste, que l'hyperbole du geste
y est une juste proportion ; le torse se gonfle
comme par un gonflement du cœur : la tête sur
cette charpente de géant a tant de vie morale
qu'elle domine et contient l'énorme vie physique
qui s'agite au-dessous d'elle ; les veines rougis-

sent les pommettes des joues ; les lèvres se gon-
flent ou se contractent ; les sensuels débordements du sang, des muscles, veulent envahir
cette face et la vulgariser ; mais, le nez s'incline,
arqué, dominateur, expression de force et de com-
mandement ; les cheveux presque crépus, que la
vieillesse elle-même ne blanchira pas, ne peuvent
parvenir à surplomber ce front qui se soulève et
remonte ; entre le signe de la volonté inflexible
et celui de l'infatigable intelligence, mobile,
tendre, terrible, simple comme un sentiment
honnête — le regard.

Ce Constituant ou ce Conventionnel, dont le
visage, en même temps que la voix, aurait dit
tant de choses, eût été un grand homme dont se
souviendrait la patrie.

Il était impossible de ne pas reporter Bordillon
dans ce milieu historique, dont il était, pour
ainsi dire, un des derniers représentants; mais,
en dégageant sa physionomie de ce nuage un peu
pompeux, où je me suis plu, un instant, à la
placer, je la retrouve dans sa vérité la plus réelle,
si originale, si vive d'allures et si franche, que

ce portrait, qui semblait à peu près tracé, permettrait encore d'en tracer un autre. Une photo-
graphie animée, voilà ce qu'il faudrait, pour montrer à la fois, vulgairement et avec toute sa verve
idéale, ce *type*, où le port de la tête, les oscillations
du geste et du pas, la fulgurante impétuosité de la
parole, le rire fréquent s'unissaient à l'agence-
ment du costume, de la coiffure, le plus personnel et le moins voulu, pour transformer, à
certains moments, cet homme en apparition
étrange, qui, dans une foule, était une indivi-
dualité si nette, si forte, que d'instinct la foule se
tournait vers lui, curieuse et sympathique.

Enlevez tout apparat artistique aux mâles figures de Sieyès ou de Bailly, telles que nous les
connaissons par mille médaillons et gravures;
animez-les, supposez-les dans notre vie contemporaine, au milieu d'un salon ou sur une promenade, vous aurez une idée exacte de Bordillon.

Les enthousiasmes, les craintes, les exaltations
diverses des premiers jours de la République,
bientôt firent place à la tactique calculée des

chefs de partis et à l'organisation des coteries électorales : on allait voter pour nommer les membres de l'Assemblée constituante.

Nous sommes trop habitués en France (et en cela nous ne différons guères de nations beaucoup plus libres que la nôtre), à ne pas imaginer la possibilité d'élections indépendantes de toute influence administrative.

A la veille de ce vote solennel où tant de souvenirs du passé et d'espérances de l'avenir allaient se contredire, se heurter, et en repoussant ou en confirmant dans l'urne électorale les faits accomplis, préparer les faits prochains, Bordillon devait, par les fonctions publiques dont il était revêtu, se faire l'interprète du gouvernement.

Il faut se reporter à ce temps, assez rapproché du nôtre et pourtant si différent ; se rappeler ces multiples divisions de l'opinion publique qui remuaient la France, pour comprendre quelle délicate mission c'était que de parler au nom d'un pouvoir à peine né, incertain de sa voie et encore plus incertain de sa durée.

Dans cette difficile conjoncture des élections,

Bordillon, fidèle à ses convictions intimes, tint comme commissaire de la République le langage sans détours qu'il eût tenu s'il n'eût été qu'un simple citoyen. Il avait réuni dans une conférence relative à leurs devoirs et à leurs intérêts la plupart des instituteurs de Maine-et-Loire.

« En vous parlant ici d'élections, dit-il, je veux que vous compreniez bien votre position et la mienne. Je ne viens vous faire ni promesse, ni menace. Je ne vous dirai pas : Faites ceci et je vous donnerai cela ; ou bien : Si vous ne faites pas ce que je vous demande, je ne réponds pas que vous conserviez votre pain et celui de vos enfants. Non, cela est de l'ancien régime, et pour œuvre semblable je ne m'adresserais pas à vous tous. La corruption se pratique autrement, vous le savez. Mais je vous dis bien haut, à tous et à chacun : Voulez-vous le régime qui doit assurer le bien général et à vous la part du bien-être qui vous est due ? Concourez de toute votre puissance à faire nommer de bons représentants du peuple, des hommes dévoués de tête et de cœur à la République.

« Ce n'est pas seulement un droit pour moi de chercher à vous éclairer sur le choix à faire, c'est un devoir. Car, ne l'oubliez pas, et faites-le vous-mêmes bien comprendre à tout le monde, le vote dont dispose l'électeur ne lui appartient pas plus que l'argent qu'il reçoit n'appartient au receveur général ; c'est un dépôt, c'est la chose publique et non sa chose à lui. Il ne peut en faire marché, il ne doit pas en user dans un intérêt particulier. Mais tout en vous engageant à vous bien pénétrer de l'importance du droit que vous allez exercer, et de la responsabilité morale qu'il vous impose, je vous dis bien haut, et qu'il n'y ait pas ici de malentendu : Vous êtes libres, complétement libres de votre vote ! Quoi que vous en fassiez, vous usez d'un droit absolu. N'ayez donc aucune crainte de voir votre position inquiétée. Le Commissaire du Gouvernement, ni qui que ce soit, ne viendra vous demander compte de votre vote ! Vous n'en devez compte qu'à votre conscience et, par delà, à Dieu... »

Lorsqu'on écrit la biographie d'un homme, il est des insinuations perfides auxquelles on doit répondre d'avance. Si l'on cherchait à mettre en doute la sincérité de ce discours et à n'y voir qu'une manœuvre combinée avec art, je demanderais qu'on le comparât au texte d'un célèbre et imprudent *bulletin* : s'il y avait là une tendance à la pression administrative, il faut avouer que le gouvernement y pouvait plutôt voir une critique qu'un appui.

Cependant aux élections pour la Constituante, Bordillon combattit obstinément une candidature : ce fut la sienne.

Une nombreuse députation d'électeurs vint le trouver et lui demander de présenter son nom aux suffrages de ses compatriotes. Il l'a déclaré lui-même ouvertement : jamais plus noble tentation ne lui fut offerte ; il n'avait accepté qu'avec résignation la pénible charge de Commissaire du Gouvernement : il eût été heureux de solliciter loyalement et fièrement, comme son passé lui en donnait le droit, celle de représentant du peuple.

A l'Assemblée constituante, il ne se fût plus agi pour lui d'équilibrer de petits intérêts locaux, de ménager des rivalités mesquines, d'assouplir la logique inflexible de sa pensée à toutes les conditions étroites des nécessités administratives et provinciales ; — il eût pu là, librement aborder cette vaste région des principes, où, depuis ses jeunes années, il n'avait jamais cessé de se maintenir. Être un *Constituant;* refondre autant qu'il dépendrait de lui la société contemporaine dans ce moule de la Révolution, où nos pères avaient prétendu, pour jamais, jeter une société nouvelle, plus indestructible que le bronze, c'était le rêve d'une belle ambition : il était bien fait pour séduire ce cœur de philosophe, de poëte et de bon citoyen.

Le jour où cette candidature lui fut offerte, il ne tint qu'à Bordillon de prendre dans la vie publique la place qu'il méritait.

Quelle destinée lui eussent donnée ces luttes de la tribune, qui virent, en quatre années, tant de questions s'agiter et tant de personnalités décroître ou grandir?

Rien de plus hasardeux que de semblables hypothèses, émises à distance : eût-il pris rang dans le groupe des grands orateurs ou n'eût-il laissé voir comme plusieurs autres que les éclairs d'une supériorité étonnée dans une région aussi nouvelle?

Je n'ose rien affirmer, sinon qu'aux heures de tempête, à travers les cris furieux, les haineuses apostrophes, on eût entendu souvent une exclamation de générosité sous l'accent de la colère ; un appel au courage parmi les hésitations tremblantes ; peut-être parfois je ne sais quelle explosion emportée, qui par sa violence même eût fait le calme, et forcé les passions aveugles de re prendre un cours régulier devant la passion d'un honnête homme.

Avant d'accepter le mandat législatif qui lui était offert, Bordillon crut devoir demander au Gouvernement, qui l'avait mis à la tête d'un département, l'autorisation d'abandonner ce poste ; une retraite spontanée lui eût semblé une désertion.

Sa démission ne fut pas acceptée : il le regretta amèrement ; ses concitoyens eurent bientôt lieu de s'en féliciter quand le péril fut venu.

Il y eut, dans toute la France, à ce moment du vote pour la Constituante, en dépit de tant d'inquiétantes circonstances, un souffle vrai de confiance patriotique : l'Anjou envoya des représentants appartenant aux différentes nuances de l'opinion ; mais, là comme ailleurs, les élections n'eurent pas le caractère accentué vers la réaction que présentèrent, depuis, les élections pour l'Assemblée législative.

On n'avait pas encore de parti pris contre le régime nouveau : on n'avait pas encore senti les épouvantes de la bataille.

Voilà les journées de Juin ! On tue. On tremble. De quel côté est la République ? De quel côté est la patrie ? Jugez à distance ; approuvez, condamnez aujourd'hui, si déjà ce problème vous semble mûr pour l'histoire, mais il ne s'agit que du combat, alors ! Un immense bruit de tocsin, de canonnade, des clameurs furieuses planent sur Paris, et aux quatre vents du ciel jettent des échos de terreur...

Des barricades ! Et qui donc est devant ? Et qui donc derrière ? Le peuple a-t-il encore des droits à réclamer et les réclame-t-il ? ou bien, est-ce au nom du peuple, un prétendant qui vient relever ses ambitions dynastiques?

On a vu le drapeau blanc à côté du drapeau rouge; les cris de : *Vive Napoléon!* éclatent mêlés aux cris de : *Vive la République sociale!* La légalité, elle n'est nulle part : la dictature se dresse, attristante, effrayante comme la force; elle triomphe; elle abdique; mais vainqueurs, vaincus, suivent l'immense char funèbre qui passe dans les rues de Paris en emportant les victimes des deux partis : déjà, la Liberté semble du nombre.

Bordillon, pendant cette lutte dont l'ébranlement se faisait sentir au loin, concentrait en lui-même ses douleurs et ses inquiétudes : les fonctions qu'il n'avait pas souhaitées, il y tenait alors de toute la force de ses convictions, et de son patriotisme; sa popularité, il s'en armait ouvertement, commandant, rassurant, menaçant : son titre était le même que la veille, son autorité la même; mais cependant une transformation soudaine s'était opérée dans l'homme et dans le magistrat : sa physionomie s'était animée d'un

feu sombre; la colère contenue faisait frémir sa
parole, qu'il s'efforçait de maintenir calme : il
parcourait la ville en tous sens, seul, s'aventu-
rant là où lui étaient signalées des fermentations
populaires et des menées agitatrices. Il jetait de
brusques apostrophes aux groupes hostiles, se
faisait craindre et obéir.

Il y avait surtout un moment solennel dans
ces jours de crise : à l'heure où le courrier arri-
vait de Paris, la foule accourait et se pressait à
l'hôtel de la Poste : une dépêche apportait peut-
être une révolution nouvelle.

Le Commissaire de la République montait sur
une borne ; d'un geste, il imposait silence ; puis,
il ouvrait et lisait la dépêche devant le peuple.

Ce n'était plus l'administration régul'ère et
calculée du cabinet : c'était le club en plein vent,
avec tous ses hasards, qui, vite, pouvaient devenir des périls.

Au pied de cette tribune de carrefour, la
réaction et l'émeute se toisaient, se provoquaient :
le pouvoir de demain était épié, redouté, comme
ces formidables phénomènes que peut, en quel-

ques instants, enfanter un vent d'orage; le pouvoir d'aujourd'hui, — on ne savait trop quel il était dans ses régions les plus hautes, mais là, tout près, on le voyait réel, incarné : l'homme, qui le représentait, grandissait singulièrement à travers cette optique des peurs, des espérances, des passions multiples et tourmentées.

Qu'est-ce maintenant pour l'histoire qu'un semblable épisode? Rien, à coup sûr, que de très-ignoré. Ainsi sont oubliées les petites scènes des grandes batailles : qui les a vues? qui s'en souvient? Ceux pourtant, qui en ont été témoins en gardent la mémoire, et il arrive parfois, qu'au point de vue le plus large, de semblables détails prennent subitement des proportions qu'on ne leur avait pas d'abord reconnues.

« Aux cris de : *Vive la République sociale !* dit Bordillon dans une de ses lettres, je répliquais : « Vive la République! » n'ajoutant rien à ce noble mot; une immense acclamation étouffait toute dissidence sous le même cri...

« Aux cris de : *Vive l'ordre !* poussé avec une intention qui ne m'échappait pas, je répondais :

« Point d’ordre sans République ; hors de la
« République point de salut pour la société ; se
« séparer de la République, c’est faire acte de
« mauvais citoyen ! »

« Une acclamation unanime sanctionnait encore ce cri d’union et de force : *Vive la République!* »

Et, il termine cette même lettre par ces mots:

« On a eu, grâce à Dieu ! assez de confiance
en moi, pour que je pusse rasséréner tous les
esprits. »

VII

Plusieurs mois s'écoulent : le Commissaire du Gouvernement a échangé son titre contre celui de *préfet* de Maine-et-Loire.

Une grande fête industrielle préoccupe les départements de l'Ouest : le chemin de fer de Tours à Nantes va être inauguré. Le président de la République doit parcourir le tracé de la nouvelle ligne, et s'arrêter dans les principales villes qu'elle traverse.

A la veille de cette solennité, M. le comte de Falloux, alors ministre de l'instruction publique et des cultes, vint visiter le préfet de Maine-et-Loire.

« — Monsieur le préfet, dit gracieusement le comte, devons-nous nous aborder sérieusement... ou en riant ?

« — En riant... monsieur le ministre, si vous le voulez bien, et pourtant nous ne sommes pas des augures !

« — C'est vrai, monsieur, répondit M. de Falloux ; qui nous eût dit que nous nous rencontrerions ici l'un et l'autre, vous, — préfet ; moi, — ministre... de la République ? »

Qui leur eût annoncé, à tous deux, — lorsqu'ils recevaient quelques jours plus tard, au pied de la vieille Tour de Saint-Aubin, un troisième personnage, dont le visage, froid et comme voilé, n'avait pas même un reflet de sourire augural, que l'avenir politique appartenait à celui-là ?

Ce dut être pour le prince Louis-Napoléon un sujet de sérieuses et très-intimes réflexions que le rapprochement fortuit de ces deux hommes, si différents de principes, de formes, de tactiques. Ham n'était pas encore bien loin dans le passé ; les Tuileries n'apparaissaient que dans un avenir

indécis : sur le sol angevin, ébranlé de tant de
tempêtes au commencement de notre nouvelle
ère politique, ne devait-il pas sembler à ce prétendant. mi-révolutionnaire et mi-dynastique,
que la Révolution et la Monarchie refusaient de
lui dire : « *Tu seras roi !* »

Pour ne parler que de Bordillon, dans cette
circonstance, il fut compris et il comprit.

Ce fut sans étonnement qu'il reçut peu de
temps après la nouvelle de sa nomination à la
préfecture de l'Isère.

Il accepta cet exil officiel. Il crut devoir quitter son Anjou, ses concitoyens, parce que la République était encore debout et qu'il pouvait
encore, au moins en apparence, la soutenir.

Il partit donc en laissant ces paroles d'adieu :

. . . .

« Pour le bonheur de tous, et pour le salut
des insensés qui méditent sa ruine, ni les folles
espérances, ni les mauvaises passions qui mena-
cent notre République ne prévaudront contre elle!

« Que les fautes commises, les amères décep-

tions subies, non plus que l'audace éphémère
des haines qui osent se produire, ne nous cau-
sent d'illusions ! Quel enseignement n'est-ce pas,
que, dans un quart de siècle, trois puissantes
dynasties se soient écroulées sous nos yeux !

« Quelle monarchie fut plus glorieuse que celle
de l'empire ? plus antique que celle des Bourbons ? plus sagace et expérimentée que celle du
dernier roi ? Si toutes ont succombé, non pas
par événement fortuit, mais sous le fait de circonstances d'une si souveraine grandeur, que visiblement le doigt de la Providence y est marqué,
quelle expérience nous reste-t-il à faire ?

« C'est que le temps des dynasties est passé
sans retour possible ; c'est que la nation n'abdi-
quera sa souveraineté au profit d'aucune race ni
dans les mains d'aucun maître ; c'est que l'heure
est venue désormais où tout Français pourra répéter les paroles d'un noble soldat de notre première République :

« *Mon Seigneur est au ciel et je n'en ai pas
d'autre.* »

« En vous quittant, c'est ma consolation de

penser qu'à l'autre extrémité de la France, je serai toujours votre compatriote et vivrai comme sous vos yeux, par nos communs souvenirs et surtout par mon désir de ne démériter jamais de votre confiance ni de votre estime : que la paix se maintienne ou que la guerre éclate, vous n'aurez pas à rougir de votre concitoyen.

« J'ai conscience que je ne défaillirai pas aux devoirs de ma mission : j'ai conscience qu'ailleurs comme au milieu de vous, en quelque condition élevée ou chétive qu'il plaise à Dieu de me placer, il ne me refusera pas la grâce de vivre et mourir en loyal serviteur de la République. »

Je ne puis parler du séjour de Bordillon à Grenoble que d'après de vagues indications : je sais toutefois qu'il a laissé de profonds et sympathiques souvenirs dans la ville de Barnave.

En province, l'arrivée d'un nouveau préfet est un événement : notre organisation administrative n'explique que trop l'importance de cette petite révolution locale.

Qu'on me pardonne ici de descendre à un fait

presque infime et qui semble en désaccord avec la gravité de mon sujet. On m'a raconté que ce fut parmi les employés de la préfecture de l'Isère un étonnement ingénu, en présence de cet administrateur sans morgue, sans luxe, sans formules officielles.

Il arriva comme un des leurs et leur demanda que chacun d'eux fût l'un des siens ; il leur parla d'exactitude, et il la leur enseigna ; il leur dit de raisonner et il leur apprit à n'écouter que de bonnes raisons : ils virent que c'était un préfet de la veille qui ne serait pas un préfet du lendemain.

Au bout de trois mois, Bordillon était destitué.

VIII

Le Deux Décembre. Ce jour-là Bordillon pleura parce que la République fut tuée; parce que le sang fut versé; parce qu'il y eut des exilés; parce que les idées qui étaient le but de sa vie semblèrent s'éclipser. Beaucoup d'honnêtes gens pleurèrent.

Le rôle de vaincu politique est un des plus difficiles à porter.

J'ai parfois vu Bordillon sourire en écoutant les déclamations de certains vaincus, dont quelques-uns, en des temps meilleurs pour eux, avaient peut-être un peu abusé de la victoire.

Même parmi les hommes qui ont l'âme élevée et qui sont capables de mettre en oubli leurs blessures personnelles, beaucoup ne savent pas, dans la défaite de leur cause, échapper à un mesquin esprit de dénigrement : leur activité se rapetisse avec la scène qui désormais les enveloppe, elle se fait querelleuse, de belliqueuse qu'elle était ; elle se consume en efforts plus redoutables pour leur parti que pour leurs adversaires, parce qu'à la nombreuse fraction des indifférents, des incertains, elle semble trop facilement n'être que du dépit alors qu'elle veut être de l'indignation.

La franchise innée de Bordillon le sauva de cet écueil. Il professait une répulsion profonde, quotidiennement et publiquement manifestée, pour un ordre de choses qui était à ses yeux le renversement de ses principes les plus intimes et les plus chers ; mais cette hostilité, inflexible et loyale, n'avait rien de commun avec les taquineries rancunières dont je parlais tout à l'heure. Qu'on parcoure les lettres recueillies dans ce volume : on y trouvera, certes, l'accent de la passion, de la colère, de la conviction indignée, qui ne pardonne pas ; on n'y rencontrera jamais de systématiques et vindicatives agressions contre telles ou telles personnalités.

En un mot, plein cours donné au libre élan de ses antipathies ; pleine bonne foi aussi, bonne foi si manifeste qu'elle tenait lieu de mesure à ce langage véhément ; elle en excluait toute petitesse et toute perfidie.

Le lendemain de sa courte apparition dans les hautes fonctions, Bordillon, frappé au cœur par la chute de la République, sentait en même temps s'accroître ses douleurs sous des coups cruels et multipliés qui atteignaient sa vie privée : il devint pauvre, sa fille unique mourut ; il vit souffrir avec lui ceux qu'il aimait comme il savait aimer.

Ce fut, presque jusqu'à son dernier jour, une longue suite d'amertumes qui n'ont pas leur place dans ce récit, mais qui ne l'eurent que trop dans l'âme qu'elles brisèrent, sans jamais en apparence la faire faillir. Puis, soudain, par une voie imprévue, la richesse revint : Bordillon ne trouva que cette parole désolée pour annoncer à son vieil ami Carnot la chance heureuse qu'il ne pouvait plus appeler le bonheur : « Cet inopiné retour de fortune nous comblerait de joie, ma femme et moi, si notre pauvre enfant était là ; mais aujourd'hui il est trop tard. »

Pendant les quinze dernières années de sa vie, ses occupations constantes, nécessitées par ses intérêts et activées par le goût qu'il avait naturellement pour les grandes entreprises, l'attachèrent tout entier à la première des industries angevines, celle des *ardoisières*.

Et vraiment, il convenait à sa destinée que cet apôtre de la cause populaire, travailleur et penseur, fût lié dans son pays natal à la plus grandiose manifestation du travail ; qu'il prît part à l'existence d'une population d'ouvriers et qu'il fût pour ainsi dire l'un des leurs, au premier rang.

On ignore trop ce que sont ces vastes foyers d'industrie, où de génération en génération se poursuit une œuvre aussi obscure, aussi utile pour le corps social que celle qui dans le corps humain fait affluer ou refluer les flots du sang, et, avec eux, circuler la vie.

Les ardoisières d'Anjou sont la principale source de richesse pour cette province : elles occupent plusieurs milliers d'hommes; elles s'étendent sur plusieurs lieues de terrain ; elles ont leur histoire, où l'on raconte des découvertes qui ont produit des fortunes, des périls qui ont fait des héros.

En pleine terre et sous terre, l'esprit d'aventure qui, sur les bords de l'Océan, lance les *terres-neuviers* à travers l'Atlantique et les *baleiniers* vers le pôle, a jeté là tout un peuple dans ces abîmes creusés par sept cents ans d'efforts.

L'ardoisière angevine exerce (on le conçoit quand on l'a vue) la fascination de la mer, du désert ou des montagnes.

Ce n'est pas la mine sombre où l'on s'enfonce sous des couloirs privés d'air et de lumière : le puits s'élargit à ciel ouvert dans un rayon de trois ou quatre cents mètres, et il descend éclairé par le soleil à plusieurs centaines de pieds de

profondeur ; ou bien, sous des voûtes souter-
raines, — plus profond encore, et plus vaste en
sa circonférence, il s'illumine à l'éclat de mille
lampes, ainsi qu'une nef gothique : le bruit du
pic, du marteau, de la poudre, y retentit comme
un hymne approprié à cette basilique du travail.

Il y a de quoi séduire l'ouvrier dans ce labeur
périlleux, fructueux aussi. L'attrait de la chasse,
de la pêche audacieuse, il le trouve dans l'ardoisière : il y trouve le danger, cette jouissance
quasi inexplicable ; une pierre qui tombe le tue :
son travail est plaisir d'homme !

C'est plaisir d'homme aussi (celui que Bordillon aimait) que de descendre parmi cette
foule courageuse, d'y chercher dans les esprits
abrupts le bon filon, comme elle-même le cherche à travers le schiste qu'elle fend et refend.

A cette population, aride d'émotions fortes, —
plus d'une fois en ses heures de souffrance, devenue
dangereuse à elle-même et à d'autres par l'ébranlement de ses passions, de ses inexpériences, de
ses audacieuses qualités, et qu'on a vue en de certains jours, glisser vers le gouffre, comme y

glisse souvent la paroi rocheuse des puits qu'elle exploite, — Bordillon s'efforça de donner un endiguement et un appui : il opposa l'étai du LIVRE à l'écroulement des ignorances et des mauvais-instincts.

Ce serait une grave injustice que de rapporter à lui seul la bonne pensée qui a créé la bibliothèque des ouvriers ardoisiers : un certain nombre d'hommes intelligents a pris l'initiative de cette institution, pour ainsi dire religieuse, qui fait, chaque soir, circuler une saine lecture parmi les *perreyeurs*. J'ai nommé Bordillon parce qu'il fut l'un des plus ardents à soutenir cette œuvre excellente, qu'elle lui fut particulièrement chère, et qu'il la dirigea sans esprit de coterie, mais avec fermeté dans une voie indépendante.

De l'idée de répandre des livres dans le peuple, à l'idée d'en écrire pour lui, la transition est prompte : Bordillon comprit cette séduction ; mais il faut le dire à regret, et sur ce point lui faire un reproche : cet homme qui jetait à tout vnet une semaille d'idées, n'a jamais su s'astreindre à se renfermer pendant quelques jours dans son cabinet d'études et à faire le livre qu'il eût su faire. Livre philosophique ou historique, n'importe! Pourquoi n'a-t-il pas mis en quelques pages les élans de son intelligence, les saillies de son esprit et les bons sentiments de son cœur? Puisque les meilleurs d'entre nous n'échappent pas au blâme, que ce blâme tombe sur lui.

Un soir d'été de l'année 1856, il confia plus qu'à l'ordinaire ce souci de produire une œuvre durable, qui, au fond, le préoccupait.

C'était pendant l'inondation de la Loire. D'envahissements en envahissements, après avoir englouti la fertile *vallée* de Touraine et d'Anjou, elle venait ruiner les travaux de l'industrie comme elle avait ruiné ceux de l'agriculture.

La longue digue qui, de Saumur à Angers, protége la campagne contre les débordements du fleuve, s'était rompue : la Loire marchait vers les *ardoisières :* elle commençait à se précipiter dans quelques-unes des carrières, détruisant ainsi, pour plusieurs années, la fortune des grandes compagnies qui les exploitent, et arrachant immédiatement leur métier de chaque jour aux ouvriers.

Bordillon, avec un de ses amis, jeune professeur d'histoire, s'était avancé dans la campagne pour calculer l'approche du fléau qui le ruinait et l'associait, plus intimement encore que par la compassion, au malheur d'une population qu'il aimait.

A mesure que son compagnon et lui marchaient, ils rencontraient des groupes de cultivateurs et d'ouvriers qui fuyaient devant la crue des eaux : les voitures chargées de meubles ou de moissons coupées à la hâte, les animaux domestiques qu'on entraînait, quelques habitations déjà renversées, le bruit des cloches sonnées, comme un appel d'alarme dans les villages envahis, ces mille incidents du cataclysme, réveillaient le souvenir de désastres historiques accomplis presque dans les mêmes lieux avec des circonstances analogues : on eût dit la guerre de Vendée.

Ce rapprochement, saisi par Bordillon et son ami, éleva rapidement leur conversation au-dessus des impressions de l'heure présente, si vives qu'elles fussent. « La guerre de Vendée ! s'écria Bordillon, — voilà, si Dieu me prête vie, la tâche que je me suis promise en mes dernières années : écrire l'histoire de cette lutte qui s'est livrée sur le sol d'un pays dont je connais, depuis soixante ans, les sites, les hommes, les idées, ce sera une joie pour moi de rappeler tout cela dans ma mémoire, et peut-être de tracer un tableau plus fidèle que ceux qu'on a faits de ce temps et de ces événements. »

Il développa longuement à son jeune auditeur le plan de cette œuvre historique ; celui-ci me l'a redit lui-même : ce fut comme l'ouverture d'archives inconnues qui se produisit devant lui : les *blancs*, les *bleus*, Choudieu le conventionnel et l'abbé Bernier, les gardes nationaux du Pont Barré, les soldats de Mayence, les exécutions sur la place de Ralliement, la messe secrètement dite dans quelque humble maison de la Doutre, tout cela passait, se pressait sur les lèvres de

Bordillon en sortant de son cœur, qu'exaltait la cause de la Révolution, mais qui savait comprendre les deux partis.

Il avait connu tous les vieux sans-culottes et tous les vieux chouans : il possédait dans sa mémoire une galerie de figures à la façon de celles qu'a esquissées David (d'Angers), quand il vint à Saint-Florent ériger la statue de Bonchamps. David saisit là, sur son album, en quelques coups de crayon, ces types d'homme échappés aux hasards de la *grande guerre :* dans un siècle, dans deux siècles, quel prix auront ces portraits! Ce ne sont plus des portraits d'individus, ce seront des portraits de race ! Voilà ce que Bordillon, seul peut-être, pouvait nous donner dans son *Histoire de la Vendée;* ce n'est pas d'ailleurs le simple hasard d'une réminiscence qui vient d'amener sous ma plume le nom de David : Bordillon, inflexible républicain comme lui, était capable de parler de Bonchamps comme David l'a sculpté.

Quand il eut longuement déroulé son récit, son ami lui dit : « L'œuvre est faite dans votre

tête; quand nous la donnerez-vous ? » Et Bordillon de répondre avec son impétuosité : « Dès
demain ! »

Demain, c'était déjà trop loin pour cet esprit
qui s'en allait en rapide courant au gré de toutes
les impressions que lui apportait chaque heure;
ce soir là même, la Vendée avait dû s'effacer dans
son imagination : au retour de cette excursion
au-devant des eaux, il avait vu passer dans la
campagne le cortége de Napoléon III, venu pour
visiter le pays inondé.

Un homme politique qui, désolé à jamais, déchu de son rôle, voyant s'abîmer sa fortune,
rencontre tout à coup sur le théâtre de cette ruine
personnelle l'auteur de la ruine de son parti,
dans l'instant même où sa mémoire allait se
perdant à travers les crises passées de la patrie,
n'est-ce pas, formé par le hasard, un ensemble
de contrastes saisissants comme en imaginent
les poëtes et en cherchent les historiens ?

Bordillon, profondément lésé dans ses intérêts
matériels, ne demanda, ni n'accepta aucun des

secours que le gouvernement offrit alors aux industriels atteints par le fléau.

Le mandat législatif qu'il avait refusé en 1848, lorsque ses concitoyens le lui proposaient avec la spontanéité et l'unanimité de leur reconnaissance, il crut devoir le solliciter aux élections de 1857, bien que devant les ressources dont l'administration disposait un échec parût presque certain d'avance.

Il s'était abstenu tout d'abord de poser sa candidature ; mais lorsqu'il eut vu, dans un premier tour de scrutin, M. Ernest Duboys, maire d'Angers, repoussé malgré l'appui du gouvernement, et les voix de l'opposition se disperser sur un petit nombre de candidatures (dont aucune ne méritait d'être discutée), il crut qu'il importait à la dignité de la cause libérale d'être représentée dans une seconde épreuve par un homme dont le nom appelât un succès ou du moins conquît une défaite honorable.

Il adressa aux électeurs d'Angers cette circulaire :

« Mes chers concitoyens,

« Il y a quelques jours, vous refusiez de sanctionner par vos suffrages la réélection d'un homme considérable, que patronaient auprès de vous les vives instances de l'administration supérieure, appuyant, recommandant sa candidature à l'aide de tous les puissants moyens d'accès et d'influence dont elle dispose sur chacun des points de cet arrondissement. Évidemment, l'explication et la portée de pareils résultats du scrutin doivent être cherchées ailleurs, plus haut, que dans de subalternes questions de personnes.

« C'est qu'à vos yeux un grand principe de la vie politique était engagé : celui de la liberté, de la sincérité du suffrage universel, celui de la dignité de l'électeur et de l'indépendance du candidat.

« C'est sur ce terrain seulement que je comprends la lutte électorale et que j'accepte la candidature, cédant enfin, et quasi à la dernière heure, à des instances dont je dois, quoi qu'il arrive, me tenir pour profondément honoré.

« Oui ! dans l'intérêt de la nation comme dans

celui du pouvoir lui-même, c'est une erreur, dont témoigneraient au besoin tous les souvenirs du premier empire, que d'exercer sur le corps électoral, quand on l'interroge dans ses comices, une pression qui, en définitive, écarte de la Chambre législative toute voix qui ne serait pas l'écho de l'autorité qui la choisit et la suscite.

« De trop dociles adhésions comportent de fâcheux entraînements, et plus le pouvoir est fort, plus est désirable, en face de lui, le contrôle d'une voix indépendante, fût-elle celle d'un loyal adversaire, si son antagonisme n'a pour guide que la conscience et pour inspiration que l'amour de la patrie.

« Que si, dans l'ardeur de la polémique électorale, dénaturant le caractère et le but de ma candidature, on lui prêtait pour mobile les vulgaires convoitises de l'ambition ; si, pour intimider vos consciences, on se complaisait à évoquer de misérables fantômes de désordre et d'anarchie, il me serait permis de répondre par un souvenir dont pourraient rendre témoignage plusieurs d'entre vous : Quand, en avril 1848, de tous les points du département se rassemblaient à Angers les délégués des comités électoraux, la candidature me fut par eux offerte ; l'accepter dans les termes, dans les circonstances où elle se produisait, c'eût été, je l'avoue, la plus intime joie de ma vie. Mais, à cette même heure, des hommes dont le patriotisme éclairé devait être plein d'autorité pour moi, s'exagérant, je le crois, la gravité de la situation, me demandaient comme un sacrifice utile à la paix du pays, de rester au poste où ils m'avaient placé. Tout aussitôt, sans hésitation, mais non pas sans un amer regret, je déclarai aux délégués des comités électoraux que je n'accepterais pas cette candidature, objet de mes vœux les plus chers. J'ajoute qu'il a plu à Dieu de me faire connaître des épreuves après lesquelles du moins l'âme ne donne plus guère prise à de si vulgaires suggestions.

« Ce grand principe de la sincérité du suffrage et de l'indépendance du candidat vient de recevoir, comme dans cet arrondissement, un expressif et éclatant hommage au milieu de l'intelligente et libérale population de Paris.

Pour le sauvegarder, des hommes, que séparaient d'ailleurs des dissidences d'une importance secondaire, ont loyalement réuni autour de lui leurs efforts et leurs vœux.

« C'est en le soutenant, ce principe, que vient de succomber, dans un arrondissement voisin, un homme de cœur dont je ne partage pas la tradition politique, mais dont j'honore singulièrement la lucide intelligence et le noble caractère, M. de Civrac[1]. Ce glorieux échec est entouré de respects plus enviables à mes yeux que n'eût été le triomphe, au prix qu'on voulait y mettre.

« C'est à son imitation que je viens à mon tour poser dans vos comices cette solennelle question de la liberté de vos votes et de l'indépendance de votre candidat. Résolvez-la par vos suffrages ! Et si, pour les obtenir, une profession de foi m'était demandée, je répondrais : En quelque position, ou momentanément élevée, ou si humble qu'elle puisse être, qu'il plaise à Dieu de me

---

[1] Candidat légitimiste.

placer, je veux, j'espère, vivant sous son regard, rester toujours fidèle aux libérales et généreuses aspirations que la grande génération de 1789 nous a léguées en héritage. »

« G. BORDILLON. »

Si tardive qu'eût été la candidature de Bordillon, si ardente que fût l'action du pouvoir administratif, le candidat officiel n'obtint le succès qu'à *mille* voix de supériorité.

Ce fut donc une éclatante manifestation dont il faut ne pas oublier la date pour en comprendre toute la portée : en 1857, la plupart des collèges électoraux étaient encore bien loin de cet esprit indépendant qui devait, en 1863, éclater avec tant de force aux élections de Paris, et qui depuis s'est manifesté ailleurs.

Si l'on voulait attribuer cette attitude des électeurs de Maine-et-Loire à la sympathie tout individuelle qu'ils avaient pour la personne du candidat libéral, quel éloge ne serait-ce pas de Bordillon ! Mais il ne l'eût pas accepté dans ces termes : chez lui l'homme politique et l'homme privé étaient inséparables.

Plus tard, aux élections de 1863, il refusa obstinément toute offre de candidature ; mais, à peine l'urne électorale avait-elle décidé une victoire officielle qu'il s'écriait dans une lettre intime :

« Moi, que le dégoût, il y a quinze jours, retenait invinciblement éloigné de la lutte, je regrette amèrement de ne pas m'y être jeté corps et âme à Angers et à Saumur à la fois. Je voudrais avoir été vaincu, battu ; mais avoir été combattant !

« Je sens qu'il y avait là un devoir supérieur à remplir en faisant appel aux généreux sentiments qui sommeillent expectants et latents chez nos patriotiques populations. »

Il n'était pas dans cette circonstance allé faire appel à ses concitoyens : bientôt ses concitoyens vinrent encore une fois vers lui.

Ce fut pour le ramener à son siége de membre du conseil communal, qu'il avait dû forcément abandonner durant sa mission de 1848. Cette modeste distinction flatta Bordillon plus que d'éclatants succès : il allait terminer sa carrière

comme il l'avait commencée ; et précisément
parce que ce rôle le mêlait par des côtés intimes
à la vie de la cité, il s'en trouvait plus touché :
il sentait là, entre elle et lui, un lien d'adoption
et presque de famille, que les crises des révolutions et les passions de la politique n'avaient pu
ni rompre ni attaquer.

Réduit à une existence toute restreinte, il y
trouvait encore son existence tout entière : il
n'était plus, dans sa ville, ce qu'un instant, par
la volonté des circonstances, il y avait été ; mais
ce contraste entre son présent et son passé ne
l'étonnait pas vis-à-vis de lui-même et ne le di-
minuait pas vis-à-vis des autres.

IX

J'en ai fini avec les faits essentiels de cette biographie : je ne pourrais l'étendre qu'en insistant sur l'existence privée de Bordillon : je n'ai plus, désormais rien à raconter qui tienne à sa vie publique.

Il me reste encore, pourtant, quelque chose à dire à ses amis.

Se souviennent-ils de ces mobiles impressions qui venaient, incessamment, le mêler aux moindres faits accomplis autour de lui ?

Une fois, il s'agissait d'une discussion peut-être un peu grossie par tout le monde ; un jeune abbé, dans un mémoire, avait parlé d'Henri Arnauld, l'illustre et vénérable évêque d'Angers sur un ton léger que ne contre-balançait pas le poids excessif de ses doctrines absolues[1].

Ce que le jeune prêtre avait trop oublié de voir dans la vie d'Henri Arnauld, c'était, quelles que fussent ses tendances jansénistes ou non, la charité profonde, l'amour des pauvres, l'esprit évangélique tels que les a voulus Jésus-Christ. C'était ce que voyait surtout Bordillon : les *œuvres* d'Henri Arnauld le préoccupèrent plus que l'orthodoxie de sa *foi* : il les raconta, le libre penseur se constitua le défenseur du prélat ; mais tandis qu'il écrivait, une hésitation lui vint :

« N'est-ce pas par d'autres mains, me disais-je, par des mains, non pas plus respectueuses (aucunes ne sauraient l'être), mais plus orthodoxes que les miennes, qu'en l'occurrence, il con-

[1] Qu'il me soit permis de faire remarquer que, parmi les hommes qui, en cette circonstance, discutèrent vivement certaines opinions de Bordillon, mon père, envers qui je considère comme un devoir d'écrire cette note, n'a jamais, à aucune époque, cessé d'être l'un de ses plus intimes et meilleurs amis.

E. S.

viendrait que fut prise la défense d'Henri Arnauld ?

« Il me semblait qu'en approchant de ce saint évêque, si profonde que fut ma vénération pour lui, j'allais le contrister (et je ne m'en sentais pas le courage) par mes dissidences de libre penseur. Lui, qui si passionnément adhérait aux doctrines de saint Augustin, devais-je lui taire que dans le solennel débat sur la liberté et la grâce porté par l'évêque d'Hippone devant les pères du concile de Carthage contre Pélage (qu'Henri Arnauld appelle le grand-hérésiarque) si toute mon admiration reste due à saint Augustin, toutes mes sympathies, toutes mes adhésions sont acquises à Pélage, ce généreux champion de la liberté et de la dignité de l'âme humaine ?

« Et à ce scrupule un autre venait se joindre : en face de cette vie si pleine d'œuvres, si ferme et si pure, qu'en tout son cours elle n'eut pas une défaillance, faisant retour sur les manquements et les défaillances de la mienne, je me sentais enclin à dire avec la ferveur du centenier : « Ce

« n'est pas à moi, ô mon vieil évêque, qu'il ap-
« partient de défendre votre sainte mémoire et je
« ne me sens pas digne de lui offrir mon patro-
« nage pour abri. *Non sum dignus ut intres sub*
« *tectum meum !* »

Eh bien non ! volontiers le vieil évêque fût
venu s'asseoir sous le toit du philosophe et du républicain ! Nulle infranchissable dissidence ne
les eût séparés.

Admettons un imaginaire anachronisme : sur
un des chemins de l'Anjou, l'évêque du dix-sep-
tième siècle qui les parcourait à pied, dans ses
tournées pastorales, rencontre le libéral de notre
temps, qui s'en va, rêvant d'hier et de demain...

Quel dialogue entre eux ! Il pourrait cependant
se résumer en une phrase; et cette phrase on
peut l'emprunter aux *Paroles d'un croyant :*
l'évêque, le philosophe se diraient l'un à
l'autre :

« Où vas-tu ?

« Je vais combattre pour les lois éternelles des-
cendues d'en haut, pour la justice qui protége les

faibles, pour la charité qui adoucit les maux inévitables ! [1] »

Bordillon, dans ses dernières années, retiré d'habitude à la campagne, s'était imposé une sorte de volontaire apostolat, où se confondaient ses convictions politiques, une vigilance incessante sur tout ce qui l'entourait, un certain mélange de rêverie poétique et de science positive. Moins il était directement mêlé aux crises sociales et plus elles semblaient fortement l'émouvoir : les événements récents de l'Italie, de l'Allemagne, remuaient le cœur de cet homme qui entrait dans la vieillesse comme ils auraient remué le cœur d'un adolescent. Dès l'aube, il se levait avec une inquiétude maladive : il allait, à deux lieues, chercher, quelques heures avant celle où le courrier les lui eût apportés, les journaux qui contenaient les plus récentes dépêches : il rentrait, se jetait sur ses cartes, sur ses livres, calculant la marche des faits et des idées.

[1] *Paroles d'un croyant,* XXXVI.

Tous les vaincus des révolutions ne sont pas déportés au loin ; il y en a qui sont proscrits en eux-mêmes : ils interrogent leurs émotions, à toute minute, aussi avidement que les autres interrogent chaque vague de la mer.

En dépit de ces graves pensées, dans sa course matinale à travers champs, il avait dit un bonjour aux paysans ses amis ; questionné les petits enfants sur la route de l'école ; puis, par un de ces caprices ingénieux et charmants qui lui étaient familiers, au milieu des landes arides, il jetait à poignée les graines des plus belles fleurs, il greffait sur les rosiers sauvages les roses les plus rares : « Les cultivateurs, disait-il en riant, n'ont pas le temps de se faire des jardins ; il faut bien que quelqu'un soit leur jardinier ! »

C'était une de ses meilleurs fêtes que de voir éclore toutes les fleurs qu'il avait ainsi semées, et éclater tous les naïfs étonnements qu'il avait préparés.

De ceux à qui il donnait ces plaisirs, il exigeait qu'ils lui rendissent un plaisir en retour :

il les suppliait pour qu'ils s'abstinssent de détruire dans leurs haies et leurs champs les oiseaux qu'il avait toute sa vie aimés, et qui lui étaient chers de plus en plus, à mesure qu'il vieillissait, comme s'il eût associé je ne sais quel souvenir ou quelle espérance à la liberté de leur essor.

La mort vint le frapper dans sa chère retraite de Montbenault[1]. Elle le foudroya : elle ne lui laissa pas le temps de presser tant de mains qui se serraient tendues vers la sienne, s'il eût passé par les longues phases d'une maladie : l'anévrisme, secrètement développé sous les énergiques et douloureux efforts d'une volonté qui commandait depuis tant d'années aux déceptions, aux chagrins, aux passions tourmentées, venait de briser ce cœur où palpitaient de si généreux battements.

Bordillon tombait inflexiblement terrassé. Quelques minutes suffirent à éteindre en lui la

[1] 4 juillet 1867.

vie du corps; moments terribles! qui ne furent marqués que par des cris de douleur et par ces mots entrecoupés : « Je meurs... ma mère!... »

Un pur rayonnement des premiers jours de la vie revenait au dernier moment illuminer et rasséréner cette âme, qui n'avait cessé, durant sa longue carrière d'épreuves, de garder les douces et aimantes qualités qu'une mère donne à l'homme aux heures de l'enfance.

Lorsqu'on dit à Angers : « Bordillon est mort; » ce fut une stupeur dans la ville : il la personnifiait, en quelque sorte. Les lignes qui sont l'épigraphe de ce volume, sont l'expression de la vérité : « Son cœur battait sur le cœur du peuple, et le cœur du peuple battait sur le sien. »

Il y avait bien peu de jours qu'il était allé fermer la tombe de Freslon! On l'avait vu alors, guidant son vieil ami Dubois (du *Globe*) presque aveugle; il représentait l'Anjou, dans ce Paris où s'étaient formées ses convictions, où sa jeunesse avait eu tant de nobles jouissances, où il venait encore, de temps à autre, retrouver les amis qui restaient, et pleurer ceux qui partaient.

Paris, à son tour, devait être représenté à ces funérailles lointaines : les hommes qui dirent ce que la mort de Bordillon laissait de regrets ailleurs que parmi ses compatriotes, ont été les interprètes d'un sentiment inspiré par un devoir civique plus encore que par un souvenir affectueux.

Deux membres du Gouvernement provisoire rendirent hommage à celui qu'ils avaient fait commissaire de la république.

Ce fut M. Marie qui, ne pouvant venir lui-même prononcer son discours, pria un ami de Bordillon de lire les pages émues, où il déclarait « que tout le monde avait fait une perte allant au delà des affections et des regrets personnels. » Ce fut M. Carnot qui marcha en tête du cortége, et à travers ses sanglots, dit cette parole éloquente : « Ce n'est pas pour parler que je suis venu ici, c'est pour pleurer ! »

Montbenault, la demeure de Bordillon, est si-

tué à plusieurs lieues d'Angers : il se trouva là,
environ trois mille personnes pour accompagner
le convoi, quand il se dirigea vers l'église et le
cimetière du village de Faye. Elles étaient ve-
nues du chef-lieu et de tous les points du département ; il y avait des groupes de paysans vendéens à côté d'une députation des ouvriers *ardoisiers* ; la ville d'Angers était représentée par tous
ceux de ses habitants qui avaient pu faire cette
excursion éloignée ; son maire, M. Montrieux,
s'avançait auprès de M. Carnot : il prit la parole
au nom de ce conseil communal, où Bordillon,
parfois, avait montré une si impétueuse indépendance : « On pouvait, dit-il, être son adversaire
et le combattre : il était impossible de ne pas
l'aimer. »

Le cortége se déroula à travers la campagne.
Ce spectacle fut grand.

Nul insigne sur le drap mortuaire, pas même
l'écharpe tricolore qu'on avait vue, il y a vingt
ans, si fièrement portée ; la pompe de ce convoi

et sa magnificence c'était cette foule, qui, re-
cueillie, suivait le cercueil d'un citoyen.

Que la province ait souvent de tels hommes !
Alors elle vivra, et sa vie sera la liberté de la
France.

Février 1868.

ÉLIE SORIN.

Mes appréciations sont celles d'un
des rares survivants d'une génération qui s'éteint.
                    G. Bordillon.
              (Lettre à André Léo.)

Les lettres de G. Bordillon méritent d'être conservées parce qu'elles sont l'expression de ses préoccupations intellectuelles, parce qu'elles proclament les affirmations de sa conscience.

Elle ont l'accent de la passion, sortie d'un cœur où la passion cherchait la vérité.

Elles sont écrites d'un style abrupt; elles trahissent l'insouciance de la forme littéraire, et parfois l'inexpérience de certains problèmes philosophiques ou politiques.

On pourrait écrire avec plus d'art ; on pourrait juger avec plus de finesse acquise et calculée. On ne pourrait dire avec une plus spontanée éloquence, sentir avec une plus naturelle conviction.

J'ai respecté le langage quasi incorrect de certaines phrases, et respecté aussi toutes les libres allures de la pensée.

Je n'ai pas réuni la correspondance complète de G. Bordillon : je n'ai guère pu recueillir que des lettres écrites pendant ses dernières années.

Parmi celles qui ont été mises à ma disposition, j'ai dû choisir; dans quelques-unes, j'ai fait des *coupures* : j'ai imposé des bornes à l'indépendance de ce recueil, pour que ce recueil ne fût pas gêné dans son indépendance.

Une dernière réflexion, presque superflue. En publiant les lettres de G. Bordillon, ai-je entendu accepter toutes ses opinions, toutes ses appréciations des hommes et des choses ? Non !

J'admets seulement l'intention libérale qui l'a toujours inspiré : j'accepte, sans *bénéfice d'in-*

ventaire, la question de *principe* ; je fais mes réserves sur quelques questions de *fait*.

C'est au nom du *principe*, c'est au nom de la *liberté*, que, sans embarras, ni timidité, je suis l'éditeur de ces lettres.

ÉLIE SORIN.

LETTRES

DE G. BORDILLON

I

Paris, 15 mars 1827.

Mon cher Théodore,

Je n'oublierai de ma vie le plaisir délicieux que j'ai éprouvé hier soir : Carnot et Dutrône m'ont conduit chez l'abbé Grégoire.

« Monsieur l'évêque, dit en entrant Dutrône, M. Carnot et moi vous présentons solidairement M. Bordillon. » Le cœur me battait de joie à la vue de ce vénérable patriarche de la liberté. J'aperçus un vieillard de soixante-douze à soixante-quinze ans, grand, marchant avec aisance et paraissant encore dans toute la vigueur de la vie. Ses longs cheveux blancs sont disposés comme on avait coutume de les porter il y a quarante ans ; sa tonsure est scrupuleusement conservée.

Il nous fit entrer dans son cabinet, et assis lui-même près de son bureau chargé de brochures et de livres, il nous fit asseoir autour de lui. — « M. Bordillon est-il Français ? — Je suis d'Angers. — Ah ! j'ai connu plusieurs Constituants de ce pays et notamment M. Pilastre. Si vous le voyez quelque jour, dites-lui bien, que son vieux contemporain songe toujours à lui avec plaisir : nous sommes bien peu qui restions de cette belle Assemblée constituante, cinq ou six tout au plus. Notre génération disparaît ; nous vous léguons notre tâche, messieurs ! vous arrivez à la vie, c'est à votre tour d'aimer et de servir la liberté !

« J'ai connu aussi des conventionnels de votre pays. Cette pauvre Convention, comme elle a été décimée ! »

Je supprime les répliques des interlocuteurs ;
nous étions tout oreilles devant lui. Toutefois les
yeux me restaient aussi, et j'en faisais bon usage
pour graver ses traits dans ma mémoire, car
j'espère dire un jour à mes enfants ou neveux :
« J'ai vu l'abbé Grégoire ! »

Sa figure est remarquable par l'expression de
la bonté et de l'intelligence ; son front est admirable ; ses yeux un peu petits ; il a une rare aisance eu égard, surtout, à son grand âge.

« Monsieur l'Angevin, me dit-il, voilà une
note qui vous regarde ; » et il me lut dans un
manuscrit qu'il avait près de lui, une notice bio-
graphique sur le célèbre évêque de notre ville,
Henri Arnauld.

La conversation ne se ralentissait pas un instant : M. Grégoire nous parla de Volney, de Con-
dorcet ; de l'Angleterre ; de l'Espagne ; de l'Amérique ; du pape ; du mariage des prêtres ; d'une
séance des jacobins, où il donna sa démission de
cette société ; etc., etc.

« Monsieur, disait-il à Carnot, j'aime toujours
à me rappeler votre père : voilà un noble carac-

tère et un vrai citoyen. Quand je le compare à tous ces misérables que j'ai vus ramper sous tous les gouvernements... et qui aujourd'hui encore flagornent et voudraient proscrire, — eux qui auraient si grand besoin d'oubli ! Je ne les hais pas : le ciel me préserve d'en vouloir à qui que ce soit ! mais comme ils sont méprisables !... »

Je rapporte presque textuellement ses paroles : un instant après, se tournant vers moi : « Il me semble que j'ai connu quelqu'un de votre nom, célèbre en je ne sais plus quel genre. — Monsieur l'évêque, assurément, ce n'était pas mon parent ; tous les miens sont fermiers ou artisans : nous sommes les plus inconnus des mortels. — Et comptez-vous vous fixer à Paris ? — Non, monsieur l'évêque, je retournerai dans mon pays, dès que mon instruction sera suffisamment achevée. — Bien ! Tant mieux ! Cet immense Paris centralise tout, absorbe tout : c'est une tête hydropique sur un corps impuissant. *Il faut vivifier les départements, qu'ils aient une existence qui leur soit propre !* » . . . .

. . . .

En sortant de chez l'abbé Grégoire, mes amis et moi, nous sommes allés à la *Société de la morale chrétienne*, qui ce jour-là tenait séance.

G. BORDILLON.

II

A M. LE DOCTEUR GUÉPIN (DE NANTES).

Angers, le... 1849.

Mon cher Guépin,

Le jeune élève en pharmacie qui vous porte cette lettre a été arrêté et incarcéré ici, durant quelques jours, comme secrétaire d'un club dont j'ai dû, en juin dernier, provoquer la clôture. Le cri de *Vive Barbès!* poussé le 24 juin, était un cri séditieux. Les désastreux conflits qui ensanglantaient la capitale ne permettaient pas de demi-mesures.

Ce jeune homme a été depuis mis en liberté, aucune charge ne s'élevant contre lui.

Le séjour d'Angers lui est impossible : à Nantes il lui est promis de la besogne chez un pharmacien. Il m'est dit beaucoup de bien de ce jeune exalté ; du moins il a bon cœur et je sais qu'il soutient sa mère sans travail.

En cet état c'est œuvre de charité de lui venir en aide ; il me promet solennellement d'être sage et réservé à l'avenir.

Ceci étant, aidez-lui à trouver un emploi, et si les souvenirs d'Angers lui sont objectés, dites que M. B*** s'engage à être sage, et qu'après tout il a expié chèrement une exaltation que son âge explique.

Angers, 10 août 1848.

G. BORDILLON.

III

A M. CARNOT.

Grenoble, 15 octobre 1849.

Mon cher Carnot,

Le dimanche matin me vaut la plus rare des

choses dans la vie sans répit et sans repos d'un administrateur : *quelques loisirs ;* et bien vite, je me clos en mon cabinet pour causer avec vous.

Grand merci de votre lettre ; mieux encore aurait valu la visite. J'y comptais en mesurant sur la carte les quelques lieues qui séparent Grenoble d'Aix en Savoie, où je vous croyais encore. Que ce soit pour la prochaine saison, si Dieu me prête vie administrative. Amenez avec vous vos deux enfants ; la vue de ce pays laissera une vigoureuse empreinte sur ces jeunes âmes. Je ne saurais vous dire quelle impression j'en ai reçue, moi, vieux pèlerin dont le voyage en ce monde date de quarante-cinq ans déjà.

La généreuse et intelligente population de l'Isère me va d'esprit et de cœur. On trompe indignement le gouvernement quand on lui présente cette contrée comme anarchique et prête à de convulsifs soulèvements si l'état de siége ne la comprimait. C'est absurde ou odieux ; absurde si la peur effare l'œil et fait apercevoir le mirage de convulsions imaginaires ; odieux, si le calcul d'une astucieuse réaction simule l'anxiété pour exploiter la terreur qu'elle suscite.

Pour moi, je ne pense pas qu'en aucun département, la République ait de meilleurs serviteurs ni de plus loyales adhésions qu'en celui-ci. C'est mon devoir de l'y faire connaître, aimer et servir; je me sens à l'aise, comme poisson dans l'eau, en l'accomplissement de ce devoir au milieu des sympathiques assentiments que rencontrent ainsi mes croyances, mes espérances et mes vœux

Donc, s'il était vrai, comme l'écrivaient quelques journaux, que la nomination de M. de Suleau à Marseille semblât livrer à Henri V les départements limitrophes, tenez pour assuré qu'il n'en est rien de l'Isère. Quoi qu'il puisse advenir, *etiam si omnes, ego non!* vous verriez, le cas échéant, comment serait défendu ici le drapeau de la République.

Du reste elle a fait en ce pays de regrettables pertes; des magistrats d'*élite*, je souligne intentionnellement le mot, occupaient le parquet de la cour et quelques justices de paix; les uns ont été destitués sous l'influence d'un pavillon Marsan réactionnaire qui visiblement gouvernait par-dessus la tête de mon facile et vieilli prédécesseur ; les autres ont donné leur démission dans un accès de loyal et imprudent dépit.

J'avais à combler ces brèches : je me suis mis sans éclat, mais résolûment en travers du courant souterrain de la réaction occulte.

La députation du département compte quelques membres que je n'ai pas trouvés à Grenoble, d'autres que j'y ai vus avec vif intérêt. M. Saint-Romme, par exemple, était absent et je ne me rappelais pas qu'il eût été, comme le dit votre lettre, membre de notre *Société de morale*[1]. M. Farconnet est un saint : loyale et modeste nature, pleine de bonnes aspirations. M. Durand est un *farmer* anglo-américain ; sagace et vigoureux esprit, plein de confiance en son expérience pratique, robuste et sain comme le bon sens. Le gouvernement a grand tort de s'aliéner pareils hommes.

J'ai demandé à M. Durand un mémoire sur

---

[1] Association dont Bordillon fit partie à Paris, dans sa jeunesse.

cette question : « Si vous étiez préfet de l'Isère, que feriez-vous pour y réaliser toutes les améliorations agricoles dont ce département est susceptible ? »

Ici revient, comme application spéciale, mon éternelle préoccupation des œufs de truites, l'un des corollaires de ce principe de souveraine administration, dont je voudrais saisir, harceler Jean Reynaud et son ami Geoffroy Saint-Hilaire en le formulant comme suit :

« Étant données les connaissances actuellement
« acquises de la forme et de la flore de notre
« planète, quels sont les animaux et les végétaux
« qu'on ait moyen et qu'il soit désirable d'intro-
« duire, de naturaliser ou domestiquer en France
« et spécialement sur tel point de la France ? »

Or, dans l'Isère, il y a d'immenses marécages à convertir en terres promises, à sauver de l'infiltration des eaux, d'immenses cours d'eaux à utiliser comme irrigation et comme aliment de canaux navigables, des lits de torrents qui, alternativement séchés ou bouillonnant, peuvent être convertis en degrés de petits lacs, —

réservoirs profonds et calmes de *myriades* de poissons ; de belles montagnes où la main de l'homme peut cantonner nombre d'êtres inconnus à nos contrées que M. Geoffroy sait et me désignera.

Mon cher Carnot, si le programme vous semblait trop ambitieux et que vous aussi me disiez : « *Utopie !* » Je vous répliquerais avec Pascal : qu'est-ce qu'une *utopie ?* Ce qui, demain, sera devenu un axiome, et après-demain une routine. J'ajoute que nous sommes vieux déjà et qu'il faut nous hâter, ouvriers de la onzième heure, de laisser trace de notre passage en ce monde, durant les quelques jours que Dieu nous y peut accorder encore.   .   .   .   .

.   .   .   .

Vous avez malheureusement été bien informé quant aux tendances réactionnaires de M. X., vis-à-vis des instituteurs primaires. On fait du zèle, on devine et exagère le mot d'ordre. Il est de bonne compagnie de ruminer contre ces pauvres instituteurs. Mais rassurez-vous : je me suis mis en travers, et je ne tolérerai ni injustice ni tracasserie et pratiquerai, en esprit et en vérité, ce qu'hier même je disais très-intentionnellement à M. le Recteur : « Tous les mots de notre noble langue indiquent expressivement la mission, le caractère et les devoirs des chefs : — *Autorité* (d'*augere*), qui augmente et complète la force des petits et des faibles ;

Recteur, qui dirige et jalonne en bonne voie ;

Curé, qui prend soin ;

Tuteur, qui soutient et aide, etc.

Autant de mots qui témoignent que nous avons charge d'âmes à remplir, et non pas à faire le triste métier de garde-chiourme au service d'é-troites et vulgaires anxiétés de coterie !

Adieu. Soyez mon interprète auprès de nos amis et notamment, l'occasion s'offrant, auprès de mon brave Jean Reynaud que je tiens pour un des confesseurs de la foi démocratique. Vous lui direz que sa foi est ma foi, son Dieu mon Dieu, et, sa nation ma nation.

G. BORDILLON.

IV

A M. LE DOCTEUR GUÉPIN (DE NANTES).

Montbenault, dimanche soir, 13 mars 1853.

Mon cher ami,

Soyez, je vous prie, mon interprète auprès d'Ange et de Carlos. Dites à Carlos que mon ami André Leroy et M. Villemorin veulent lui demander comme service personnel et comme concours au progrès de notre industrie horticole en France, plusieurs renseignements sur la flore de ce très-inconnu ou très-oublié pays qu'il va habiter[1], et que l'Europe occidentale considère comme plus éloigné et plus ignoré d'elle que le Brésil ou la Plata. Recommandez de ma part à Carlos de se considérer là-bas comme un des *missi dominici* de la civilisation. Il a, en ce sens, charge d'âmes. Il est un des représentants de la France et à ce titre doit s'interdire toute faiblesse, tout manquement;

[1] La Servie.

il n'agit pas, il officie. Qu'il se pénètre bien de la grandeur de cette mission et demande à Dieu la grâce d'en être toujours digne.

Dites à Carnot et à M. Geoffroy Saint-Hilaire toutes les joies et espérances que me donne (au double point de vue de la science génésiaque et des progrès de la puissance de l'homme sur le monde extérieur) l'art de *semer* le poisson ; j'avais pressenti ce qui arrive dès 1849 et voulu, dans l'Isère, peupler tous les cours d'eau de myriades de poissons appropriés aux lieux. Recommandez qu'on seconde et poursuive cette découverte ; qu'on *empoissonne* tous les cours d'eau de France ; qu'on envoie chercher des œufs de poissons dans tous les grands fleuves du monde. Faites vite l'inventaire de la flore et de la faune de notre planète ; importez et domestiquez en France tous les animaux et végétaux qui pourront l'être. Dites qu'on se hâte, car je me sens vieux, et je voudrais, comme Siméon, voir le Messie avant de mourir.

Adieu,

G. BORDILLON.

V

A M. LE DOCTEUR GUÉPIN (DE NANTES).

Montbenault, commune de Faye, par Brissac, 18 mars 1853.

Mon cher ami,

Je serais bien heureux de pouvoir passer à Paris quelques jours avec vous et votre compagne de voyage; mais je n'ai pas le droit de me permettre cette fantaisie. J'ai fait cette année, coup sur coup, deux voyages à Paris, qui l'un et l'autre, du moins, étaient nécessités par des intérêts de famille et qui, cependant, n'ont l'un ni l'autre atteint le but qu'ils paraissaient devoir toucher. En présence des sacrifices que j'ai fait subir à mes parents j'aurais remords de m'aller rendre à Paris, quand je laisserais les miens dans le sauvage recoin de terre où cet hiver nous voici encore confinés.

Votre lettre et celle de M. de Baer me parlent bien d'utiliser ma présence auprès de vous; mais comment? A quelle affaire? je ne vois aucune chance, aucune vraisemblance d'emploi utile de mon temps, et j'aurais besoin d'une *certitude*, d'une *évidence* de l'utilité de mon voyage pour en imposer les frais à notre budget.

Poussez donc M. Geoffroy Saint-Hilaire à réclamer et à organiser une très-curieuse expérience :

1° Qu'on prenne des poissons *aveugles* des mines d'Autriche, qu'on exprime et féconde leurs œufs et qu'on sache si les produits éclos à la lumière et dans nos climats seront *aveugles*.

2° Qu'on croise ces œufs en les fécondant par la laitance de poissons de nos rivières et qu'on voie quel sera chez les métis l'état de l'organe de la vision.

Poussez M. Geoffroy Saint-Hilaire à suivre, quant à ses métis d'âne et d'hémione, les expériences de la fécondation possible de ces métis ou par ces métis, soit en les unissant entre eux, soit en les accouplant avec l'âne ou l'hémione.

Parlez de tout ceci au naturaliste qui, dans le journal *la Presse*, écrit sur ces matières.

Insufflez à tous le feu sacré de la science, de

l'étude de la *genèse*, la vraie genèse s'entend, non pas celle de mon curé, mais celle dont les géologues et les naturalistes commencent à épeler quelques lignes.

Adieu,

G. BORDILLON.

VI

A M. LE DOCTEUR GUÉPIN (DE NANTES).

Montbenault, 13 juillet 1853.

Mon cher Guépin,

A mon arrivée ici, je trouve une lettre de Carnot qui me propose d'aller comme rédacteur en chef d'un journal français à Constantinople. Je vous la porterai dimanche, et nous en causerons. Ma femme y consent et le désire : rien, hélas ! ne me retient plus en France ; pourquoi n'irais-je pas employer ce qui me reste de force et de jours au service de la civilisation ? Je serai un des

missi dominici de notre France, fidèle soldat de
sa tradition.

G. BORDILLON.

VII

A MADAME GIRAUD-LESOURD.

Montebenault, 1853.

Madame,

J'ai prié mon ami Guépin d'être à votre passage à Nantes, notre interprète auprès de vous.

Nous avons reçu avec un grand plaisir, dans
notre ermitage, le nouvel hôte que vous avez
eu la gracieuse attention de nous y envoyer : la
petite corneille à bec orangé, jase avec nous, se
promène dans la maison et le jardin comme si,
de sa vie, elle n'avait connu d'autre habitation
que la nôtre, ni d'autres compagnons que nous.

Le seul soin qu'elle exige c'est de prendre,
incessamment garde de l'écraser sous nos pas,

tant elle piétine familièrement autour de nous.

La friande va dévorer, si nous la voulons croire, tout le menu fretin du vivier et des douves : son cri laisse bien quelque chose à désirer et son caquetage parfois se prolonge plus que de besoin, mais il faut tolérer les défauts de ses amis.

Voulez-vous bien à Belle-Isle, si vous en avez le moyen, servir d'interprète à mes très-affectueux souvenirs auprès de ce pauvre Barbès, que je n'ai vu de ma vie, mais que j'aime *quand même*. Il y a un an, j'ai déniché et élevé des rossignols que je lui ai envoyés dans sa prison.

J'ai l'honneur de vous présenter mes très-respectueuses salutations.

G. BORDILLON.

VIII

A M. CARNOT.

Montebenault, 25 décembre 1854.

Mon cher Carnot, je viens passer avec vous ma fête de Noël en consacrant à vous écrire une portion de cette soirée. Vous auriez reçu de moi un volume, et plus, de correspondance si s'était effectivement traduite en une lettre chacune des causeries mentales que, de ma solitude, je vous ai cent et cent fois adressées.

La rentrée a ramené à Paris vos amis auprès de vous. Laissez-moi vous donner une commission pour celui d'eux tous vers lequel m'attire la plus intime sympathie. Dites à Jean Reynaud que son livre *Ciel et Terre* est ma Bible, mon *credo*, mon décalogue. Il n'est aucun livre, avec lequel je me sois rencontré en si parfaite communion d'aspirations, de pressentiments et de croyances.

Oui ! L'astronomie est, à certains égards, souveraine de la théologie. J'ai été maintes fois et vivement assailli par cette préoccupation durant mon passage aux affaires. Je voulais organiser une propagande populaire de connaissances astronomiques et géographiques, bien convaincu que l'esprit des auditeurs saurait conclure, et que ces hautes vérités susciteraient la saine contagion de leurs corollaires.

Donc, serrez la main pour moi à ce brave Jean Reynaud, car je suis de son église et je le tiens pour un des Pères de mon église !

Dites bien mes bons souvenirs aussi à un de vos autres habitués du mercredi. Eugène Pelletan est dans la bonne voie : *In hoc signo vinces !* Il a fait un bon livre et publié d'excellents articles ; qu'il continue sa guerre d'arrière-garde contre l'imprudente recrudescence de superstition dont nous sommes témoins. Je lui sais personnellement gré de flageller, comme il le fait, ce prétendu miracle de la Salette qui a surgi au milieu de la noble et intelligente population de l'Isère.

Jouffroy, dans la plus belle page qu'il ait écrite (*Comment les dogmes finissent*) avait prévu, prédit et expliqué, il y a trente ans, tout ce dont nous voici témoins. On vend par *millions* en France et en Italie un misérable petit livre qui se trouve entre les mains de toutes les dévotes : « *Vie et miracles de sainte Philomène.* » Il contient cent ridicules détails plus impertinents que ceux du miracle de la Salette, et il se publie, quand même, sous le patronage de l'évêque de

Fribourg, dans une de ses éditions, et de l'archevêque de Tours dans une autre. (J'ai acheté les deux éditions.)

Trouvez donc un prêtre qui ose protester contre cet amas d'inepties intitulé : *Vie et miracles de sainte Philomène !* Trouvez-moi donc un prêtre italien, père Ventura ou autre, qui ose protester contre la grossière supercherie de la *Santa Casa*, cette miraculeuse maison de la sainte Vierge, apportée par les anges de Judée à Notre-Dame-de-Lorette.

Enseignez donc, popularisez l'astronomie ! et *l'astronomia farà du se !* La pure lumière dissipera les imbéciles fantômes !

Puisque le nom de M. Eugène Pelletan me rappelle *le Siècle*, et que je vous parle d'enseignement populaire, signalez-lui donc à l'occasion deux *fautes d'orthographe*, deux détails erronés qu'on a laissé échapper à l'impression. *Le Siècle* a eu l'excellente idée de publier des cartes du *théâtre de la guerre*, que je me suis hâté de faire venir et d'étudier à la loupe avec la patience d'un reclus. . . . .

Les fautes que je vous signale sur ces deux cartes sont vénielles, mais mieux vaudrait qu'elles fussent évitées, en des cartes tirées à milliers d'exemplaires et répandues en mains si diverses.

J'aurais à signaler au *Siècle* des *desideranda*, de tout autre importance à mes yeux, si mes réclamations à cet égard pouvaient espérer quelque résultat.

· Ainsi, il offre une *prime* à ses abonnés. J'ai renouvelé trois fois mon abonnement, et je le renouvellerais septante fois sept fois, que je ne voudrais pas entendre parler de *prime !* Ce triste mot est emprunté au jargon de la Bourse. C'est un de mes chagrins, une de mes colères de chaque jour que de voir partout et toujours cet appel aux chances du sort ou cet appât d'un gain accessoire, adultèrement ajouté aux conditions naturelles d'un contrat. Si la ville de Paris emprunte, elle ne se borne pas à offrir tant pour cent d'intérêts, elle y ajoute des *primes* et celles-là sont de la pire sorte. C'est une chance de loterie offrant, au lieu d'un prix licite de l'argent prêté, l'*alea* d'une somme plus ou moins démesurée et dont rien ne légitime l'acquisition aux mains que le sort en gratifie. Très-assurément, les *primes* offertes par *le Siècle* n'ont ni cette énormité ni ce caractère aléatoire ; mais un journal a charge d'âmes, il doit l'enseignement et l'exemple à ses ouailles. Ce pasteur de la paroisse moderne doit éviter même de scandaliser ou d'induire à mal ses auditeurs de chaque jour, par la légèreté des propos ou l'irréflexion des actes. Les *primes* sont gens mal famés que je ne voudrais ni hanter ni produire dans le monde.

Quelle fatalité n'est-ce pas aussi que la *loi de l'argent* fasse subir ces abominables annonces qui, chaque jour, envahissent la quatrième page : *Loterie des gens de lettres ; — loterie de Jeanne d'Arc.* Ah ! Grâce pour Jeanne d'Arc ! Que des magistrats profanent le nom de Jeanne d'Arc et s'avisent de demander aux vulgaires convoitises de la loterie les moyens de lui élever un monument, c'est odieux ; et *le Siècle* m'afflige quand il se fait porte-voix de ces tripoteurs municipaux.

La passion du jeu, du gain fortuit et soudain, pervertit la population des villes et des campa-

gnes. Toutes ces annonces de primes et de loteries sont symptômes, causes et effets de cette
contagion.

Adieu,

G. BORDILLON.

IX

A M. CARNOT.

Montbenault, ce dimanche, 18 février 1855.

Sans grand effort d'imagination, je puis, mon
cher ami, me croire en Sibérie. Depuis cinq à
six jours la neige couvre, d'un épais linceul, ce
qui nous entoure, et nous tient cernés, bloqués,
isolés du reste de la création autant que pouvait
l'être, en exil, le bisaïeul du prince Menschikoff
relégué à mille ou quinze cents lieues de Tobolsk.
J'ai toutefois pour visiteurs ici, toute une colonie
d'oisillons qui viennent se nourrir sur ma fenêtre
avec l'assurance et le sans-façon d'amis du logis.

Donc je vous consacre quelques instants de

ma vie de reclus : causerie à bâtons rompus. Tout récemment m'a été adressée d'Angers une petite brochure que j'ai lue avec un vif intérêt. C'est le dernier écrit peut-être de ce brave Émile Souvestre, qu'il y a un an à peine, je rencontrais chez vous en soirée. Il a pour titre : *Notice sur madame Blanche Milesi Mojon*. Je ne connaissais pas même de nom cette intelligente et noble femme, et j'en ai grand regret, car je me suis fort épris d'elle en lisant les quelques pages qu'Émile Souvestre a consacrées à son souvenir. Très-assurément, vous avez dû la connaître. Que sont devenus ses deux fils? Je leur porte un invincible intérêt en mémoire de leurs dignes parents. La nation s'appauvrit si elle perd sans successeurs dignes d'elles ces créatures d'élite. Si vous n'avez pas lu la notice de Souvestre, procurez-vous-la, et si vous l'avez lue, relisez-la; car à chaque ligne, elle vous suscitera comme à moi, sur l'état de la France et de l'Italie depuis un demi-siècle, mille sentiments et vues que je résume en ces mots : Blanche Milesi avait toutes les saines traditions, toutes les aspirations généreuses que je souhaite à mes contemporains.

J'ai eu le loisir et la manie de relire en ces derniers temps toute une collection de vieilles *Revues des Deux Mondes*, 1850-1851. A tout instant y éclatent de bien vilaines passions réactionnaires, bien des rancunes et d'ignobles attaques contre la République, mais pour qui sait lire, c'est, quand même, chose instructive que ce spectacle rétrospectif ; puis çà et là, comme nombre d'autres lectures, celle-ci me suscite de vifs et très-impersonnels regrets. Charton, dans je ne sais quel passage de son *Magasin pittoresque*, 1864 (vous le voyez, je ne mange plus, je rumine, ou, comme disait le vieux Royer-Collard, *je ne lis plus, je relis*), s'écrie comme s'abandonnant à un rêve d'une réalisation impossible : « Ah ! si pour un jour seule-« ment le pouvoir nous devait appartenir ! » et, il donne carrière aux généreux projets que ce jour fécond verrait passer à l'œuvre. Ce jour-là s'est levé et je n'ai, grâce à Dieu, point à désavouer les œuvres que nous y avons faites, mais je regrette amèrement que la journée n'ait pas été mieux remplie, car dans ce « *paucis diebus,* » comme dit le Psalmiste, je vois qu'il eût été possible d'accomplir l'œuvre de longues années : « *Implevit tempora multa* ». Que Dieu nous pardonne nos omissions et donne à meilleures mains la joie d'être son plus efficace instrument sur cette terre !

Or, toutes ces réflexions et leur cortége me reviennent à l'esprit en lisant sur Saint-Domingue quelques curieux articles de M. Gustave d'Alaux. Saint-Domingue, il faut vous le dire, est une de mes vieilles et instinctives préoccupations. Mille intérêts ou récits rattachaient autrefois nos populations de l'Ouest à cette reine des Antilles, et, Jean Reynaud peut croire que j'y ai vécu dans l'une de mes précédentes incarnations. Enfin, est-il, que si la Revue du 1ᵉʳ Mai 1851 vous tombe sous la main, vous y relirez comme moi avec vif intérêt les pages ayant pour titre la *République Dominicaine*. Il y a des hommes de Plutarque dans ce recoin du monde, Sant-Anna, Baez et leurs pareils. Demandez donc à ce brave Bastide comment il n'a rien fait pour que grandissent, sur ce merveilleux sol, les vigoureux jets de civilisation européenne qui aspiraient à s'épanouir sous l'abri du drapeau français ?

G. BORDILLON.

X

A M. LE DOCTEUR GUÉPIN (DE NANTES).

Montbenault, 2 avril 1855.

Mon cher ami,

Je viens de passer quelques jours à Angers, j'en ai de bonnes et de mauvaises nouvelles à vous donner ; les mauvaises se réfèrent à la santé du jeune G***. . . . .

. . . .

. . . .

Les bonnes nouvelles se réfèrent aux ardoisières. La commission installe et loge un médecin au centre des établissements, et dans le nouveau règlement, dont hier je préparais le projet, de

11.

concert avec mon ami Montrieux, nous déclarons l'enseignement de tous les enfants *obligatoire* sur chaque carrière et nous y créons une école.

G. BORDILLON.

XI

A M. CARNOT.

Angers, ce lundi, 22 octobre 1855.

Me voici de retour, et j'ai besoin de vous dire quel fâcheux mécompte m'a causé votre absence de Paris durant la quinzaine que je viens d'y passer. Visiter l'Exposition et le parc à l'anglaise qu'on vient de créer au bois de Boulogne, était une bonne chose, mais revoir mes amis durant quelques moments était aussi le but, l'espérance de mon voyage, et vous étiez, mon cher Carnot, en tête de ceux que je me faisais fête de retrouver ; heureusement que, pendant mon séjour, Marie est venu passer une journée à Paris, et qu'à la fin, Jean Reynaud y est revenu avant mon départ.

David (d'Angers) est très-malade, en tel état qu'il donne les plus vives inquiétudes ; rendez-moi le très-personnel service de l'aller voir en votre nom et au mien et de me donner de ses nouvelles.

Coup sur coup, voici ma lettre deux fois interrompue par la visite de pauvres femmes ou sœurs de nos ouvriers de carrières qui viennent me dire la navrante misère où leur famille est plongée par la condamnation des maris, fils ou frères qui les nourrissaient de leur travail [1]. Elles me prient en tels termes de faire des demandes en commutation de peine que je regrette de n'avoir pas, à Paris, surmonté ma répugnance à faire visite à Billault, que je voulais éclairer sur l'état vrai de cette émeute des carrières et presser de faire réduire les peines dont ces fous ont été frappés.

J'ai eu le regret de ne pas voir Geoffroy Saint-

---

[1] A l'occasion des troubles de la *Marianne*.

Hilaire. Je voulais l'entretenir de deux points, dont je suis par instinct vivement préoccupé.

J'estime que l'homme devrait être en ce monde le facteur de la Providence et qu'il est absurde, honteux, qu'avec la connaissance dès ce moment acquise de la forme et de l'allure de notre planète, si peu de chose soit fait encore pour tirer avantage de ces données de la science, si peu d'efforts tentés pour propager et multiplier les espèces utiles.

Ainsi la pisciculture enseigne et, depuis plusieurs années, l'art de semer les œufs des poissons.

A l'Exposition, j'ai vu un spécimen de ses moyens pratiques. Pourquoi la rivière du bois de Boulogne n'est-elle pas peuplée de poissons des fleuves de Chine, d'Afrique, d'Australie et des deux Amériques ?

Pourquoi n'y a-t-il pas des marchands de semences de ces poissons divers importées en France, comme il y a des marchands de graines de vers à soie ou de graines de choux ? Or, je n'ai pu savoir où s'achète la graine de poissons étrangers, moi, qui

voudrais en peupler nos viviers de Montbenault..

Tout de même pour la flore : un consul romain
importait, il y a deux mille ans, le cerisier de
l'Asie Mineure ; il est honteux que notre expédition d'Orient n'ait pas donné lieu déjà à nombre
de conquêtes agricoles de cette sorte. Dans la
Moldavie, dans la Crimée méridionale et sur les
côtes asiatiques de la mer Noire se trouvent, dit
le baron de Cott, des forêts entières de pommiers
et poiriers sauvages d'excellentes sortes produi-
sant des fruits admirables.

Vite donc, que la science européenne dépêche
là ses *missi dominici* et nous dote de ces productions spontanées ou de ces arbres améliorés, il y
a cinquante siècles, peut-être, par les précédentes
civilisations.

Adieu,

G. BORDILLON.

XII

A M. CARNOT.

Montbenault, 3 juin 1857.

Mon cher ministre des cultes,

Je vous dénonce vos ci-devant justiciables comme ayant grand besoin d'une semonce : voici ce qui ce matin même s'est passé dans cette commune. A sept ou huit cent mètres de notre demeure coule une charmante petite fontaine, surgissant à mi-côte au milieu des genêts et des rochers moussus d'un petit vallon désert limité par le Layon. C'est la *fontaine Saint-Martin* dont vous devinez la légende. Saint Martin passant à cheval sur ces rochers (où les chèvres grimpent à peine) fit surgir tout à coup cette source miraculeuse, et la preuve c'est qu'il ne tient qu'à vous de voir au fond de la fontaine l'empreinte du fer de son cheval.

Eh ! bien, cette misérable rapsodie trouve encore créance parmi nos *pagani* et tolérance sinon encouragement peut-être parmi leurs curés. Un brave petit garçon de treize ans est depuis quinze jours atteint de fièvres intermittentes : c'est un gracieux enfant, fils de très-honnêtes fermiers du village. Ce matin, en apprenant sa maladie, je suis allé lui porter des confitures et j'ai trouvé sa famille espérant la guérison au moyen d'un remède de tout autre nature et que vous cherche-riez en vain dans le *Codex*. A deux heures du ma-tin, ce jourd'hui même, *neuf* voisins se sont ren-dus à la fontaine Saint-Martin : chacun d'eux y a bu *neuf* gorgées d'eau et dit *neuf Pater* et *Ave*, puis ils ont trempé dans la fontaine une chemise de l'enfant malade ; on la fait sécher à cette heure pour la lui placer sur le corps ; enfin on a puisé dans la fontaine une bouteille d'eau que le pauvre petit fiévreux doit avaler.

Si j'étais évêque j'enverrais monsieur le curé de ***, durant *neuf* jours au séminaire méditer sur les devoirs de son état pour lui rappeler que le salut s'opère, comme dit saint Augustin, *non navigando sed amando*, non par des courses de pèlerinage, mais par des actions de charité.

Mais je ne suis point évêque et vous n'êtes plus ministre des cultes. Donc l'eau de la Salette et celle de la fontaine Saint-Martin peuvent se permettre des cures miraculeuses.

Au reste tout ceci est en parfaite harmonie avec la situation présente de la France.

Où allons-nous? comme dit le docteur Véron?

Mille remercîments (et c'est par là que ma lettre devait commencer) du bon souvenir dont vous m'envoyez témoignage en m'adressant *le Siége d'Anvers en* 1814. Je l'ai lu avec vif intérêt. Publiez la vie de votre vénérable père : la génération nouvelle a grand besoin d'y puiser un salutaire enseignement.

G. BORDILLON.

XIII

A M. CARNOT.

Angers, le 8 septembre 1857.

Mon cher Carnot,

Votre ami Goudchaux et vous, avez bien fait de refuser le serment. Je viens de lire vos lettres, elles sont dignes ; et, vous avez pris le meilleur parti, celui que je désirais vous voir prendre. J'aurais été profondément humilié si le général Cavaignac s'était résigné à prêter serment. . . . .

. . . .

Votre position et celle de M. Goudchaux n'étaient pas sans doute aussi impérativement accentuées à cet égard que celle de l'ancien chef du pouvoir exécutif ; mais enfin vous aviez été, l'un et l'autre, les fils aînés de la République. En vous voyant passer sous les fourches caudines du serment, l'opinion publique aurait pu se méprendre.

Je suis d'autant moins suspect en vous félicitant, vous, de cette détermination commandée ou tout au moins conseillée, à mon sens, par votre passé, que je me serais, moi (je vous l'ai déjà écrit), résigné à prêter le serment si, au lieu de mes dix mille et tant de voix, j'avais eu la majorité que Duboys a réussi à obtenir. . .

. . . .

Je l'aurais prêté avec une intime et vive répugnance car je tiens à insigne honneur d'avoir été le serviteur de ma noble et bien-aimée République ; mais je l'aurais prêté par mille et une bonnes raisons de second ordre tirées de l'état de nos mœurs, de l'opinion de nos électeurs, qui tous évidemment s'attendaient à me le voir prêter.

Et ceci me ramène à vous dire combien j'aurais été heureux de me voir par cette nomination rapproché de vous et de nos amis durant le cours des sessions ; durant deux à trois jours, comme tout le monde ici, je croyais mon élection infaillible et je me faisais fête de vous aller trouver. Je voulais me constituer à la Chambre correspondant de quelque journal anglais ou allemand publiant le compte rendu *indépendant* et *sincère* des séances. Tout ce beau rêve s'est évanoui.

G. BORDILLON.

XIV

A M. CARNOT.

Au Pinpéan, commune de Grézillé, le 21 décembre 1859.

Mon cher Carnot,

Me voici emprisonné par les neiges, n'ayant depuis quelques jours que l'aspect du morne linceul dont elles recouvrent toute la contrée et des joies quelque peu sauvages des preneurs d'oisillons.

De longs cordeaux garnis de collets sillonnent nos plaines, et des milliers de pauvres oiseaux, alouettes, pinçons, linottes et verdiers viennent s'y abattre, à la vue des grainailles dont ils espèrent se repaître.

J'ai fait rude concurrence à ces *colleteurs* en balayant la neige de notre cour et y jetant à foison de l'orge, de la vesce, du pain en miettes et des grêlures de blé, que mangent en paix les oisillons qui ont le bon sens de venir nous demander l'hospitalité.

Mais ce long exorde, accouru je ne sais pourquoi sous ma plume, n'était point l'objet de ma lettre. Le voici :

Vous êtes abonné comme moi à l'*Opinion nationale*. N'y avez-vous pas lu, il y a quelques jours, un article ou deux, relatifs à des essais, faits sous le patronage ou tout au moins avec l'aide de la *liste civile*, et ayant pour objet la création des prairies par un système nouveau, spécial, grâce auquel d'abondantes récoltes de foin, d'une qualité d'élite, seraient obtenues dans des terrains sablonneux.

Pouvez-vous savoir, par Guéroult ou autres, si cette méthode a été décrite en une brochure ou un volume, qui soit dans le commerce.

Nous avons ici plus de cent hectares de bruyères et bois au fond sablonneux. Ces terrains ont été défrichés autrefois. On dit que les guerres de religion, dépeuplant la contrée, ont amené l'abandon de leur culture.

Nous pourrions sur tels ou tels de ces terrains trouver peut-être à faire une application utile et de bon exemple de la méthode sur laquelle je voudrais être renseigné.

Adieu,

G. BORDILLON.

XV

A M. CARNOT.

Montbenault, le 9 juillet 1860.

Mon cher ami,

Michel Chevalier m'a fait convoquer pour être entendu à l'enquête ouverte devant le Conseil supérieur. J'aurais très-volontiers donné mon concours à cette enquête, parce que cet appel fait au pays et ce mode d'instruction des questions industrielles me paraissent une bonne habitude gouvernementale qu'il faut importer en nos mœurs, à l'exemple de l'Angleterre. Mais un maudit procès m'a appelé et me rappelle un de ces jours à Rennes.

Allez donc voir au théâtre Déjazet les soirées géologiques de M. A. Rohde. C'est, paraît-il, la *genèse* en action, le drame de la création mis en scène.

Par votre ami Ad. Guéroult, tâchez de savoir combien demanderait M. Rohde pour amener ce spectacle devant notre population sur le théâtre d'Angers. Je voudrais que le maire traitât avec lui pour lui garantir un *minimum* de recettes. Nous ferions assister toutes les écoles, toute la jeunesse à ce drame; je proposerais à notre commission administrative des ardoisières d'en payer la vue à tous nos ouvriers et à leur famille.

L'âme humaine est merveilleusement logique : la vieille théologie, la vieille politique, la vieille morale n'y sauraient vivre au contact de ces larges vues des moyens et voies de la Providence dans l'œuvre de la création. Donc : « *In hoc signo vinces !* » Révélons le vrai Dieu en révélant ses vrais actes.

Il y a quelques jours, conduisant au cimetière notre vieille servante, j'assistais à la messe des morts, et, lisant le rituel durant le temps de l'office, j'y trouvais, sous ce titre : « *Prière pour le tonnerre,* » une sorte d'exorcisme de la foudre, bien convaincue d'être une manœuvre du diable.

La physique ainsi enseignée par le rituel ne vaut pas, certes, la *genèse* exposée par mademoiselle Déjazet.

G. BORDILLON.

XVI

A M. FRESLON.

Angers, 15 janvier 1861.

Mon cher Freslon,

Encore quelques semaines et j'irai faire *mes*

Paques à Paris! Ce sont bien *mes agapes* d'esprit et de cœur que cette station annuelle de quinze jours passés auprès de vous, chers et trop rares survivants de mes contemporains, de mes complices politiques, de mes compagnons des études, des aspirations et des luttes de jours déjà si loin de nous !

Après tant d'autres, voici un vide encore qui vient de se faire autour de mes souvenirs de jeunesse : mon vieux professeur Damiron mourait avant-hier. C'était une des joies de mon séjour à Paris que d'aller chaque année faire escale auprès de ce placide et sagace esprit dont le souvenir se mêlait aux meilleurs souvenirs de ma vie d'étudiant. A Angers, j'avais eu la bonne fortune de l'avoir pour maître au début de son professorat et de devenir son élève d'affection et d'élection en dépit des formidables dissemblances de nos caractères. Je ne vous saurais dire quels horizons nouveaux, inattendus, sa parole calme et limpide, écho des enseignements de la jeune École normale, éveillait en mon âme toute saturée de croyances catholiques et de traditions des jacobins. Puis, six ans plus tard (Damiron à Paris), je lui devais deux insignes bonnes fortunes : d'être présenté à Jouffroy, dont je suivis les leçons ; d'être présenté à Dubois et admis aux soirées du *Globe*.

J'apprends avec vif chagrin aussi l'affreux malheur qui vient de frapper un autre homme dont je suis, depuis longues années, le plus ignoré et le plus fervent admirateur, M. Ch. de Rémusat.

Le *Journal des Débats* vient de me faire bondir de colère : il cite ce jugement infâme qui, en Espagne, vient de condamner *à sept ans de galères* deux citoyens coupables « d'avoir pratiqué le culte protestant et distribué des Bibles. » Croyez-vous que la cour de Rome trouve pour flétrir cet odieux jugement un seul des gémissements et objurgations que lui inspire l'ébranlement de son pouvoir temporel ?

G. BORDILLON.

XVII

A M. FRESLON.

Au Pinpéan, commune de Grézillé, par Brissac,
ce lundi 15 avril 1861.

Il est 9 heures du matin : fantaisie me prend de venir causer avec vous avant déjeuner par habitude, par souvenir de la visite que, chaque matin, à cette heure, j'allais vous faire durant ma quinzaine de vie parisienne.

J'ai assisté hier au soir, à distance, à tout un petit drame électoral en cette commune. Il y avait quatre conseillers municipaux à élire.

La mairie avait proclamé les « candidats du gouvernement, » et pour épargner aux électeurs l'embarras d'un choix à faire, d'un vote à écrire, elle avait eu l'attention de fournir à chacun d'eux un bulletin de vote portant le nom de ses élus. Elle avait de plus, pour écarter tout obstacle, fait notifier par le garde-champêtre à un menuisier voisin immédiat de la salle du scrutin, défense d'écrire ou de laisser écrire des bulletins. En dépit de ces sages précautions, deux des quatre *candidats du gouvernement* ont été rendus à la vie privée, et un second tour de scrutin, devenu nécessaire, a amené l'élection de deux conseillers repoussés par M. le maire.

Durant que cette tempête s'agitait dans notre verre d'eau de Grézillé, je me promenais avec mon curé dans son jardin ; je lui disais mes souvenirs et impressions de mon dernier voyage de Paris, et je devisais avec ce très-intelligent, mais très-exalté légitimiste, des chances d'événements que comporte la complexe situation de l'Europe.

Grand spectacle après tout ! et je remercie la Providence de m'y laisser quelque temps encore assister, puisqu'elle ne m'a pas jugé digne d'y intervenir comme acteur. *In petto*, pendant ces deux heures de causeries, je chantais en l'honneur de notre siècle le *Magnificat*, dont M. Guizot a entonné quelques notes en répondant à M. Lacordaire, et je me rappelais la prosopopée dithyrambique par laquelle, en décembre 1829 (il y a trente-deux ans, hélas !), dans la grande salle de l'évêché d'Angers, je terminais un débat de trois longues heures avec le fougueux abbé Guillon : « Monsieur l'abbé ! c'est un grand pays et une « grande époque que notre époque et notre pays, « permettant à un jeune homme de mon âge de « venir discuter ici avec vous ces solennels pro- « blèmes, et, sans danger comme sans colère, « vous dire en cette salle synodale, en face des « portraits de quarante papes : « *Je ne crois pas* « *à la divinité du Christ !* »

Or, c'était hier soir un moins solennel, mais tout aussi expressif spectacle, que cette promenade dans le paisible jardin du presbytère et cette très-amicale causerie entre deux promeneurs aussi dissidents : l'un passionné lecteur du journal *le Monde*, et l'autre lui formulant comme suit, quant à la question italienne, sa profession de foi politique : « Si Dieu m'appelait à l'instant à paraître devant lui, j'aimerais bien mieux le faire avec la conscience de Garibaldi qu'avec la mienne ! »

Au reste, en politique et en religion, nous étions

évidemment, pour moi, aussi profondément séparés, quant à l'*arithmétique*, qu'à son insu intimement d'accord quant à l'*algèbre*.

Quels affreux massacres que ces tueries russes
à Varsovie ! Ces brigands-là réveillent toutes mes
colères de jeunesse !

Voici comment la légende se débite en dili-
gence quant à notre *ami* Lamoricière. La voiture
de Doué était remplie, un seul voyageur excepté,
par des paysans de Montjean se rendant à une
noce. Le général Lamoricière défrayait leur causerie : « Oui ! disait l'un d'eux, il veut amener
le *rencher* des grains, parce qu'il cherche une
nouvelle guerre de Vendée ; c'est pour plaire au
pape et pour chasser l'Empereur. Mais l'Empereur se f... de lui et du pape aussi. »

Ce voyageur, témoin de ces sots propos, ce
n'était pas moi, je vous prie de le croire, et, je le
regrette, parce que si je maudis le général de
Lamoricière, du moins je ne le laisserais pas ca-
lomnier devant moi.

Adieu,

G. BORDILLON.

XVIII

A M. FRESLON.

Du haut du ciel ta demeure dernière,
Mon colonel ! Tu dois être content.   *(Bis.)*

Je me suis surpris à fredonner en pensant à vous, mon cher Freslon, ce vieux refrain de feu Chauvin-Gontier à la lecture de la brochure du duc d'Aumale[1].

Oui, vous devez être content, vous qui, *pataud* pur sang (comme nous le sommes dans l'Ouest, nous autres vrais fils des hommes de 1789), êtes un *pataud libéral* bien plus qu'un *pataud révolutionnaire*.

C'est à Angers avant-hier matin, où m'amenait une réunion pour les *ardoisières* que j'ai eu la bonne fortune de recevoir à mon arrivée un exemplaire (*édition de Londres*) de cette brochure.

---

[1] La brochure intitulée *Une Leçon d'histoire de France*.

Je l'ai lue, relue, et dans ma joie envoyé « à demain les affaires sérieuses ! » Puis, sans plus de souci des *ardoisières*, me voilà en route ma brochure à la main.

« Avez-vous lu Baruch ? » disais-je à tout venant, sur les boulevards, dans les rues, boutiques et cabinets littéraires.

Aux vieux orléanistes qui pullulent dans notre bourgeoisie, je disais : « Vous devriez tous faire imprimer cette brochure-là en lettres d'or. A la bonne heure ! En voilà un fils de vos rois que vous pouvez avouer pour chef ! Voilà un homme de son temps, un esprit d'exquise culture, sachant, croyant, voulant, ce qu'une intelligence d'élite doit savoir, croire et vouloir. »

A un groupe de prêtres rencontré sur ma route : « En voilà du fruit défendu que vous autres fils d'Ève allez dévorer avec bonheur et sans coulpe ! *Tenez, lisez* : je vous le prête pour une heure et je vous prédis, à vous qui croyez vivre et mourir dans l'impénitence finale de votre foi légitimiste, qu'après cette lecture, vous direz

tout bas : « Il faut l'avouer, les Bourbons de la
« branche cadette ont été mieux élevés que notre
« Joas de la branche aînée. Ni notre enfant du
« miracle, ni Mgr le Dauphin, ni le roi-che-
« valier son aïeul, ont-ils jamais dit un mot
« ou écrit une ligne qui, du plus loin, fût com-
« parable à ce royal pamphlet ? »

Et le soir, l'un d'eux, me rapportant ma brochure, m'avouait la joie avec laquelle il était allé
la lire *urbi et orbi* dans le monde clérical.

Il y a dans cet écrit un souffle de libéralisme
qui m'a rafraîchi, rajeuni de trente ans, et j'en
ai grand besoin.

J'avais aussi senti, dans le discours du prince
Napoléon au Sénat un souffle révolutionnaire qui
m'a électrisé, galvanisé de colères contre *Pitt et
Cobourg*.

Mais en regardant l'orateur, je ne pouvais
m'empêcher de lui dire : « Je vous connais de-
« puis soixante-sept ans : vous aviez nom Tallien
« et Paul de Barras ! »

Et j'ai écrit à Michel Chevalier : « Si votre ami

le prince Napoléon est bien conseillé, voici ce que ferait un homme d'esprit et un homme de cœur : il ferait cesser les saisies et poursuites impuissantes dont l'écrit du duc d'Aumale est l'objet ; il lui laisserait libre cours et répondrait publiquement, librement à une attaque libre et publique.

« Ce serait le parti le plus habile, le plus loyal ; s'il tente de répondre à ce très-remarquable écrit, qu'il s'inspire de la vraie, de la pure et pleine tradition révolutionnaire ! *In hoc signo vinces.* »

Adieu, mon vieux complice. Mon cher Mélanchthon, Guépin (de Nantes), va venir passer ici quelques jours : vis-à-vis de lui, c'est moi qui vais être plus *libéral* que *révolutionnaire.*

G. BORDILLON.

XIX

A M. FRESLON.

Angers, 14 juillet 1861 (jour anniversaire de la
prise de la Bastille).

Mon cher Freslon,

Je subis il y a aujourd'hui trente-cinq ans, le
14 juillet 1826, à Paris, une plaisante et douloureuse déception.

C'était la première année de mon séjour à
Paris ; dès le matin du 14 juillet je partis comme
Abner pour « aller dans son temple adorer l'É-
« ternel. » Je me rendis au Champ de Mars tout
enivré de mon enthousiaste souvenir de la Bastille et de la Fédération.

On conservait religieusement chez nous la
médaille de cuivre qu'en avait rapportée en 1790
un vieux cousin député de la garde nationale
d'Angers, qui, trois ans plus tard, mit bravement
sa foi en œuvre ; car il se fit tuer au Pont-Barré,

le 19 septembre 1795, à la tête de sa compagnie
dont il était capitaine.

Et durant toute ma jeunesse j'avais entendu
chanter dans la boutique de mon père :

> Le quatorze de juillet
> Saint Bonaventure,
> C'est le saint qu'avec respect
> Fête la nature.
> De la Fédération
> Qu'il devienne le patron !
> La bonne aventure, ô gué !
> La bonne aventure !

Mais trente-six ans déjà, en 1826, s'étaient
écoulés depuis le jour de la Fédération dont seul
à Paris, je me souvenais encore, et je fus navré
de tristesse en trouvant, ce jour-là, absolument
désert ce Champ de Mars, où tant de milliers de
bras s'étaient levés pour s'unir au serment du
général Lafayette.

Le journal de ma vie, que j'avais alors l'habitude d'écrire chaque soir, contient à cette date
la curieuse et par trop naïve expression de mon
désappointement patriotique.

Aujourd'hui, qu'à soixante-onze ans de distance, me voici seul en France à songer au 14 juillet, je viens, en vous écrivant,

> Célébrer avec vous la fameuse journée
> Où sur le *Champ de Mars* la loi nous fut donnée.

Et continuant mes raciniens souvenirs, je puis ajouter :

> Que les temps sont changés !

Je ne vous parle point des élections du conseil général en Maine-et-Loire, m'écriviez-vous il y a quelques jours. — Que vous en dire? Ce ne sont pas des élections.

Je ne voulais jouer aucun rôle en cette comédie, quand un incident de foire de la Fête-Dieu (dans une cabane d'escamoteur, et par naturelle association d'idées) m'amena à promettre pour le dimanche suivant mon vote, mon vote ÉCRIT ET MOTIVÉ au *candidat du gouvernement*, que je rencontrai là avec le préfet. Le surlendemain, je tenais parole, et au dépouillement du scrutin on lisait à haute voix ce bulletin qui, dans l'auditoire eut un succès de fou rire :

Conseiller général — mon ancien complice politique : Camille Desv... — toutefois avec dispense de se faire repromener par les rues, juché sur sa chaise triomphale de juillet 1830.

La seule élection du département a été celle de M. Henri de Civrac, à Beaupréau ; là, le canton a spontanément élu l'homme de sa confiance et de son choix. J'en ai félicité M. de Civrac, et sa réponse témoigne que le choix, d'ailleurs, a cette fois désigné un homme de distinction.

Mes colères contre votre ami Lamoricière se calmeraient quasi par la pitié que m'inspirent les souffrances incessantes qu'il doit subir dans le milieu de flatteurs qui, au Louroux, l'enfument de leur encens.

Si encore, ses nouveaux amis avaient autant d'esprit qu'un abbé que je rencontrai par hasard dans un magasin de cette ville, et qui n'osait en sortir à raison d'une soudaine averse. Son intelligente figure me suscita à lui dire (je le prenais pour un curé de campagne) : « Monsieur le curé, saint Martin donnait la moitié de son manteau, je vous offre, moi, la moitié de mon parapluie.

— Mais vous ne savez pas à quel danger votre politesse vous expose : si au lieu d'être un curé j'étais un père jésuite ?

— La politesse me défend de répliquer, tout haut, que je puis, comme Mithridate, boire tous les breuvages. »

Et un quart d'heure durant, la causerie continua sur ce joyeux ton : la pluie fit place au soleil.

G. BORDILLON.

———

XX

Angers, 5 décembre 1861.

A M. FRESLON.

Mon cher Freslon,

Je reçois votre lettre à ma rentrée à Angers et je la lis avec un douloureux intérêt. Nous payons vous et moi notre tribut à l'âge, paraît-il. Vous venez de subir de longues semaines d'accès de goutte, et moi, paysan aux trois quarts, voici qu'une longue course à pied me fatigue. Girault (de Saint-George-des-Sept-Voies) ne demeure à vol d'oiseau qu'à une lieue du Pinpéan, et l'autre matin une promenade d'aller et revenir avant le déjeuner jusqu'à Vandor me faisait dire : « Mon vieux corps, tu n'es plus le serviteur alerte qui en trente heures, sommeil compris, me ramenais à pied de Rennes à Angers. Des heures par milliers pèsent sur ta tête depuis celle où, pour un futile et joyeux pari d'école de droit, le 2 février 1822, tu traversais à la nage la Vilaine toute couverte de glace ! »

Reconnaissons d'ailleurs, mon vieux et cher complice de luttes politiques et de tant d'intimes causeries, que désormais vous et moi, sur la terre, sommes des usurpateurs, des bénéficiaires attardés d'une place en cette vie. Quinze années, disait le poëte, forment une *longue période dans l'existence humaine ;* elle s'est plus de deux fois accomplie depuis cette fin de 1829 où, déjà membres du barreau l'un et l'autre, nous nous rencontrions à Angers. C'était le bon temps. Que de juvéniles ardeurs ! que de colères contre les Bourbons et les chouans ! Tous les souvenirs du *Globe* et des leçons de Jouffroy au service des aspirations et des rancunes d'un *pataud* pur sang ! Et quel admirable milieu que cette population d'Angers et de Maine-et-Loire à la veille de 1830, toute saturée d'électricité révolutionnaire ! La Pentecôte s'était faite sur nous.

Tant de vertu fut trop tôt obscurcie !

Mais du moins, en ces ternes journées de l'automne de notre vie, ai-je la joie de m'expliquer les déceptions qui succédèrent à de si radieuses espérances en relisant mon *bréviaire*, mon *credo* à moi, l'admirable page de Jouffroy : *Comment les dogmes finissent.*

Je vous avais adressé une longue lettre, le soir du 1er novembre, en entendant au bout de notre parc du Pinpéan sonner l'office des morts à l'église de Grézillé. Mais cette lettre, et je le regrette, vous ne l'avez point reçue, vous n'en lirez jamais une ligne ; car pas une ligne n'en fut écrite. C'était une causerie intérieure que je vous adressais, en face d'un feu gigantesque qui seul éclairait notre grande et morne salle, où je me promenais durant toute cette soirée. Quelle longue liste aurais-je pu faire des noms de tous les morts dont je vous rappelais le souvenir ! Que de compagnons de voyage, déjà, nous avons laissés aux nombreuses haltes de cette longue route.

Guizot vient de me rendre un éclair de jeunesse — la colère ! Je n'ai pas *décoléré* en lisant tout d'une haleine son admirable pamphlet : *l'Église et la Société chrétienne.* Cet homme coupable, « *inimicus homo,* » est un ange rebelle ; pourtant l'ange déchu fut un ange : ses ailes ont un vol sinistre ; mais quelle magnifique et splendide envergure ! C'est en Angleterre que devait naître et vivre ce grand prêtre du *torysme* qui maudit tout ce que j'aime et combat pour exalter tout ce que je maudis. Quel merveilleux talent au profit d'une détestable cause, dont il *maxime* tous les sophismes, tous les mauvais instincts avec une prestigieuse habileté.

Guépin m'écrit des *catilinaires* contre l'Angleterre et les États du Sud. Ce vieux Guépin est de trente ans plus jeune que nous.

Vous, mon vieux complice intellectuel et politique, guérissez-vous vite; faites votre travail sur Royer-Collard, « *ce père de l'Église constitutionnelle,* » comme l'appelait excellemment mon ami Damiron.

Quant à moi, je mourrai dans l'impénitence finale de la vénération que m'inspire ce robuste et noble esprit, serviteur pourtant d'une cause qui n'est pas la mienne.

Au nombre des défaillances dont j'aurai bientôt peut-être à rendre compte à Dieu, quand va sonner pour moi l'heure du jugement, il en est deux que rendent inexplicables l'éducation jacobine que j'ai reçue et la ténacité de ma foi démocratique : c'est mon admiration révérencieuse pour toute parole sortie de la bouche de Royer-Collard, et les joies intimes que j'éprouvais quand, dans les salons du *Globe* de Dubois, j'écoutais, auditeur imberbe et inaperçu, la voix pleine d'élévation aussi de cet autre grand prêtre de la liberté que je n'ai depuis jamais revu, à mon profond regret, M. de Broglie.

Mais de ces deux grands esprits procède par filiation indirecte un descendant beaucoup plus assimilé aux aspirations et croyances de notre temps, c'est M. de Rémusat : quant à lui je m'explique beaucoup mieux l'affection qu'il m'inspire. Guérissez-vous, sortez ; et quand vous le rencontrerez, dites-lui qu'il a ici un ami inconnu.

Adieu.

G. BORDILLON.

XXI

A M. LE DOCTEUR GUÉPIN (DE NANTES).

Angers, le 27 juin 1862.

Mon cher ami,

Dites à madame Guépin une bonne nouvelle protestante : hier j'ai assisté à l'inauguration du second temple protestant de notre cité. Le pasteur Monod a prêché avec un grand talent.

Comme signes du temps, il a très-heureusement mis en relief deux circonstances locales :

« Il y a trois siècles, dit-il, qu'en 1562, à Angers, une foule brutale de catholiques, ameutée par les moines, massacrait les huguenots, pillait et détruisait leur temple. Cette tourbe de hurleurs parcourut la ville portant au bout d'une pique la Bible du temple et la jeta dans la Maine par-dessus le pont.

« Aujourd'hui, deux temples servent au culte protestant : l'un d'eux est l'ancienne chapelle du palais de Catherine de Médicis ; le second temple vient de s'élever sur le jardin de Charles IX. Des catholiques assistent fraternellement à sa dédicace. »

Les catholiques, il faut le dire, étaient représentés à la cérémonie par deux fidèles peu persécuteurs : 1° le père G... que j'avais rencontré à la porte du temple, au moment où je me rendais à la très-officielle invitation qui m'avait été faite, et 2°, le ci-devant commissaire du gouvernement en 1848.

G. BORDILLON.

XXII

A M. LE DOCTEUR GUÉPIN (DE NANTES).

Mon cher Guépin,

J'ai reçu votre lettre et vous en remercie.

Je crois au progrès de l'espèce humaine en ce monde, mais ce progrès s'accomplit bien lentement.

Dans une ferme qui touche notre clos du côté de la forêt, *il revient* toutes les nuits. Il n'est bruit dans tout le canton que du tapage surnaturel qu'y font les revenants. Durant toute la nuit de grands coups sont frappés symétriquement dans l'un ou l'autre des deux appartements du logis ou dans le grenier qui les couvre. Les chaises sont heurtées, l'escalier descendu, etc. Les fermiers ont fait venir un de leurs frères qui couche et tremble avec eux. Ces gaillards-là, véritables athlètes, ne reculeraient pas, durant le jour, devant dix grenadiers, et Leporello n'est pas plus tremblotant qu'eux devant les *reve-nants*.

La femme a sagement pensé qu'il y avait be-soin de dire des messes, et elle est allée vite en réclamer de son curé. Hier soir à neuf heures, je suis allé m'installer chez ces pauvres fous et causer avec eux à leur foyer. Mais, ni revenants, ni bruits d'aucune sorte ne se sont produits du-rant toute ma veillée. Quand, après mille explica-tions inutiles données à ces cerveaux malades, je suis revenu me coucher, les revenants, pa-raît-il, ont tout aussitôt recommencé leur ma-nége.

Ce soir chez un autre paysan du voisinage un jeune enfant s'est horriblement échaudé en tom-bant dans un chaudière d'eau bouillante. On est allé chercher non pas un médecin, mais une femme qui *conjure*.

Toute la commune de Gonnord dit, répète et croit qu'un paysan étant allé ces derniers jours à la Loire chercher une charretée de sable pour bâtir, en a rapporté plus de blé que de sable, tant est grande la masse de blé que les nobles,

les prêtres et les bourgeois font jeter dans l'eau pour affamer le pauvre peuple.

Notez que Gonnord est une commune légitimiste et dévote ; c'est de son maire que je tiens le récit de cette désolante scène d'ineptie.

Donc, mon cher ami, le progrès est lent, fort lent en ce bas monde.

Lisez donc dans Cicéron *le Songe de Scipion* ; nos sages ne sont pas plus sages, nos savants plus éclairés que ce grand homme. Il y a loin de là aux *revenants* de la Loire, aux *conjurations* de la brûlure et aux grains jetés à l'eau au dire de *ceux* de Gonnord.

Tout à vous.

G. BORDILLON.

XXIII

A M. CARNOT.

Angers, 10 décembre 1862.

Mon cher Carnot, vous êtes de retour sans

doute, et c'est à Paris que je vous adresse *ma brochure*.

Oui ! me voici, après quinze ans de retraite, tombé à l'état de récidiviste en matière de polémique batailleuse.

De ce retour à mes vieux errements, voici la très-inattendue cause.

Un de nos jeunes san-fédistes, vicaire d'une paroisse de cette ville, fort échauffé par les leçons de ses maîtres du petit séminaire de Combrée, s'est fait besoin de publier, à la grande joie de ses effervescents amis, un mémoire sur le *jansénisme*.

Pourquoi pas? Je lui en reconnaissais bien le droit, sauf à revendiquer celui de ne pas le lire.

Mais, ce cadre n'était qu'un fond de tableau, où se devait placer un faux et injurieux portrait d'Henri Arnauld, évêque d'Angers de 1650 à 1692.

Quand un soir, il y a trente-cinq ans, en 1827, Dutrône et vous me présentiez à votre vieil ami l'abbé Grégoire, son premier mot, en apprenant que j'étais à Angers fut un cordial éloge de notre vieil évêque ; et vous comprendrez quel écho cet éloge trouvait en moi quand je vous aurai dit l'affection révérencieuse et légendaire que le nom d'Henri Arnauld a laissée dans nos vieilles familles angevines. Au nombre des fondations charitables dont il avait doté nos contrées, se trouve le mont de piété d'Angers, le seul de France qui prête sans intérêts, conformément aux statuts de son fondateur et bienfaiteur.

J'ajoute que mon jeune adversaire a trouvé occasion d'enluminer son outrageant et menteur portrait d'un entourage outrecuidant de propositions rétrogrades. Chaque phrase de ce monsieur est un naïf cri de guerre jeté en défi à toutes les croyances de notre pays et de notre temps.

C'était trop de la moitié ! Défendre la mémoire de mon vieil évêque, défendre le *credo* du dix-neuvième siècle ; — je n'ai pu tenir à la joie de ce double combat et m'y voici lancé !

Ma brochure est imprimée, on la tire, vous l'allez recevoir.

G. Bordillon.

XXIV

A M. LE DOCTEUR GUÉPIN (DE NANTES).

Angers, le 12 avril 1864.

Mon cher Guépin,

J'ai reçu votre jeune protégé comme le comportait votre très-cordiale recommandation dont il était porteur. Je lui ai dit : « Mon garçon, je vous tiens pour un des riches capitalistes de ce pays, car vous voici nanti d'une excellente santé, d'une vaillante bonne volonté et de ce splendide patrimoine de vie que vos dix-huit ans vous mettent sous la main !

«Franklin, à votre âge, débutait comme vous; plus obscurément, plus difficilement peut-être : il dépend de vous, en usant bien de ce long et grand avenir qui s'ouvre devant vos pas, mon jeune Workman, de vous conquérir une aussi bonne place dans l'estime de vos concitoyens et (ce qui mieux vaut encore) une aussi bonne place aux yeux du grand juge quand vous irez lui rendre vos comptes en quittant cette vie.»

Et pour complément de mon sermon, je lui ai remis pour B*** D*** une recommandation des meilleures.

Le lendemain j'ai voulu m'assurer *ipsissimis oculis*, du résultat de ma lettre de la veille. J'ai vu notre jeune jardinier à son chantier, et B*** D*** me promettait pour lui toute sa spéciale sollicitude.

Quelles bonnes *Pâques* j'ai faites à Paris, mon cher Guépin ! *Pâques* intellectuelles et morales, communion en esprit et en vérité avec tous ceux de nos amis qui survivent encore. Cette quinzaine a été, pour moi, un *revival*, comme disent aux État-Unis les amies de madame Guépin.

A propos, qu'elle recommande donc à leurs enfants, frères et cousins, de me faire gagner mon pari !

J'ai parié, avec un impérialiste de ce pays, 20 fr. au profit des pauvres d'Angers, que si Maximilien se décide enfin à aller au Mexique, mes amis des États-Unis le jetteront à la mer lui, ses hulans et ses croates, avant le 1er janvier 1866.

G. BORDILLON.

———

XXV

A M. LE DOCTEUR FOURNIER.

Montbenault, commune de Faye, ce mercredi soir, 11 mai.

Mon cher Fournier,

Le général Banck vient de faire la meilleure et plus noble des réfutations de vos désolantes théories.

Ah ! vous traitez les chrétiens de *sauvages !* et vous dites qu'Américains ou Européens, tous cruels et sanguinaires comme des cannibales, « *nous retournons à l'envi à la barbarie.* »

Vos malédictions et pronostics semblaient, hélas ! trop justifiées par les atrocités de ces bandes esclavagistes du Sud qui, se ruant sur le fort Pilow (enlevé par ruse et abus de confiance, assure-t-on), massacraient toute la garnison (six cents hommes, dont moitié nègres), brûlaient vifs les blessés, égorgeaient les malades.

Vous sembliez justifié aussi dans vos anathèmes, par les colères mêmes que ces cruautés ont suscitées dans toutes les cités du Nord. Le cri de *représailles*, paraît-il, sortait de toutes les bouches.

Banck vient, par sa proclamation et son acte, un des plus grands dont les annales humaines gardent le souvenir, de donner une sublime leçon aux deux partis.

Quelles splendides représailles ! A la nouvelle du massacre de ses soldats et tout assourdi par les cris de vengeance de son armée indignée, Banck prend spontanément son parti...

Il se fait amener six cents et quelques prisonniers du Sud, précisément le nombre des victimes massacrées l'avant-veille, et fait lire à haute voix la dépêche qui dénonce ce hideux massacre.

Tous, prisonniers, soldats du Nord, et population assemblée croient que, « dent pour dent, œil pour œil, » la loi du talion va s'accomplir.

Banck, s'adressant aux prisonniers du Sud :

« Vous êtes libres ! libres sans conditions ni échange ! Allez dire aux égorgeurs de nos prisonniers que ce sont là nos représailles à nous. La vengeance est la grossière justice de la brute, la générosité est la justice de Dieu !

« Allez ! nous aurions pu écraser en vous des *insurgés*, nous aimons mieux étouffer en vous l'*insurrection*.

« Si vous êtes des gens de cœur, demandez-vous qui, des égorgeurs de Pilow ou de ceux qui vous rendent la liberté, sont les meilleurs serviteurs de la grande République ! »

Mon cher Fournier, en recevant cette proclamation, je pensais à chaque ligne qu'on ne pouvait plus et mieux vous réfuter, et je ne puis résister à la joie de vous confondre en la copiant.

Adieu.

G. BORDILLON.

XXV

A MADAME GIRAULT-LESOURD.

Angers, 22 juin 1864.

Ma bien chère dame et voisine,

J'espère vous être agréable, et j'en saisis vite l'occasion, en vous donnant avis à l'issue même de la séance du jury général de l'Exposition que, sur ma proposition, il vient d'accorder à votre ami Cornevin *une médaille d'or de l'Empereur*.

Cette fois, du moins, la récompense impériale n'est pas mendiée par la courtisanerie ni décernée par le favoritisme.

Vivent les Nantais ! Ils viennent de donner la majorité *quand même* à mon démocratissime ami Guépin.

Et vive l'Amérique du Nord ! Si j'étais riche comme mon ami X..., je commanderais *illico* un tableau à Le Nepveu en l'honneur des officiers du *Sud !*

Cet officier-là est un *officier de santé*, — le médecin de *l'Alabama*.

Dieu permet le mal pour en tirer un plus grand bien ! Sur ce vaisseau esclavagiste se trouvait un médecin dont la mort est belle comme celle d'un marin du *Vengeur*.

Donc, voici la fresque que je voudrais faire peindre dans la salle des cours de notre Ecole de médecine.

L'Alabama, percé de coups, fait eau de toutes parts et va s'engloutir dans l'abîme.

Son équipage se précipite à la mer ou s'entasse dans les deux canots pour échapper au gouffre s'ouvrant déjà sous le vaisseau qui coule à pic.

Deux hommes seulement restent sur le tillac en débris : un marin qui vient de subir l'amputation, et le médecin qui s'obstine à achever le pansement et à ne quitter le bord qu'avec son blessé.

Le gouffre s'ouvre : le blessé seul surnagera, seul sera recueilli par un canot de sauvetage.

Comme Marie dans l'Évangile, c'est le médecin qui a pris la bonne part.

Adieu, je vous serre bien respectueusement la main.

G. BORDILLON.

XXVII

A MADAME GIRAULT-LESOURD.

Angers, le 17 juillet 1864.

Ma bien chère dame,

Je reçois et viens de lire à l'instant le numéro de ce matin (dimanche 17) de *l'Opinion nationale* et je ne puis résister au plaisir de vous en parler. Sous ce titre : *le Président Lincoln*, votre amie (qui ne serait, sans l'avoir vue même, l'ami de cette brave femme), madame Beecher Stowe, publie un admirable article. Si vous ne l'avez pas lu, lisez-le vite, et si vous l'avez lu, faites comme moi, relisez-le!

Connaissez-vous un des grands hommes de Plutarque plus loyalement, plus simplement, plus réellement grand homme que cet honnête Abraham Lincoln ?

En voilà un qui peut se dire entre tous *le fils de ses œuvres !* Quelles viriles habitudes du gouvernement de soi-même, pratique dès son enfance cet homme de corps et d'esprit robuste et sain, qui, partout et toujours, se met si modestement au niveau de la situation qu'il s'est faite, — bûcheron à gages ou président de la République !

Quelle excellente éducation il se donne à lui-même au contact des événements et faits qu'il traverse avec tant de bonheur, de force confiante et calme se respectant toujours et ne s'enorgueillissant jamais !

Je ne vous saurais dire combien je me sens épris d'affection et de respect pour cet excellent homme.

.   .   .   .

.   .   .   .

Je tiens cet article de madame Stowe pour un

sévère enseignement à notre pauvre Europe : la monarchie et le bigotisme nous ont fait, hélas! des opinions et des mœurs avec lesquelles contraste de tous points la forte et sensée physionomie de mon noble ami Lincoln.

Que Dieu lui donne la joie de rétablir l'Union américaine! de confondre et désarmer les aristo-crates esclavagistes du Sud, et de rentrer dans la vie privée, modeste et digne comme s'il était encore le bûcheron de sa jeunesse.

G. BORDILLON.

XXVIII

A M. CARNOT.

Angers, 1er décembre 1864.

Mon cher ami,

Quand vous aurez un confesseur, dites-lui le scandale dont j'ai été témoin dimanche dernier.

Je passais à dix heures du matin, heure des messes paroissiales et premier dimanche de l'Avent, s'il vous plaît, devant le palais du *fils aîné de l'Église.*

Là, en face le pont et quai des Tuileries, au point même où le nouveau pavillon de Flore vient toucher l'ancienne galerie des tableaux, j'ai vu et entendu cinquante maçons démolissant à qui mieux mieux cette galerie des *rois très chrétiens.* Les gaillards ne se doutaient guère, je vous assure, des premier et second commandements de l'Église, et ce qu'ils chantaient, certes, ce n'était pas la messe...

Dimanche prochain je ferai des plantations à Montbenault, — mais je ne suis ni le fils aîné ni le fils cadet de l'Église !

Me voici, sur mes vieux jours, rejeté contre toute attente, à l'état de *juste milieu.*

Juste milieu, en effet, entre les croyances des chrétiens de toutes les communions (moi qui depuis quarante-trois ans suis déiste et mourrai déiste, j'espère) et les désolantes doctrines athéistes prêchées par un jeune homme,

M. G. Flourens, dans un nouveau journal, *la Rive gauche*, que je reçois à l'instant.

Mon cher ministre des cultes, je vous signale et dénonce ce signe des temps. Dites-le à votre ami M. Laroque. Dites-le à M. Vacherot, pour qu'il semonce ces jeunes égarés, dont il faut respecter *quand même* la liberté.

« Il n'y a de Dieu que Dieu ! » mais je crois en Dieu ! De cœur et d'esprit, j'y crois !

G. BORDILLON.

XXIX

A M. LE DOCTEUR GUÉPIN (DE NANTES).

Angers, 13 janvier 1865

Mon cher et vieux camarade,

Salut et fraternité ! Mon vieux compagnon de vie, mon cher et généreux complice de luttes et d'aspirations politiques !

Tout va bien et l'année s'ouvre sous d'admirables auspices.

Le Nord d'Amérique triomphe, sans doute désormais possible.

L'Espagne despotique et bigote est chassée de Saint-Domingue.

L'Autrichien couronné à Mexico pourra bientôt s'appliquer le mot historique par lequel Bonaparte à Sainte-Hélène qualifiait lui-même sa coupable et sotte invasion de l'Espagne.

« Les victoires partielles n'y faisaient rien, et je n'y possédais en définitive d'autre terrain que celui qui se trouvait recouvert par le soulier de mes soldats. »

Donc, que Dieu soit béni. Tout va bien.

G. BORDILLON.

XXX

A M. LE DOCTEUR GUÉPIN (DE NANTES).

Angers, 26 avril 1865.

Mon cher Guépin,

Je lis à l'instant les nobles paroles que vous venez d'adresser à nos amis de l'Amérique du Nord, et je vous félicite d'avoir été, en cette solennelle occurrence, l'interprète de la démocratie française.

Votre grande cité de Nantes a eu cette fois la bonne fortune d'être la mieux inspirée entre toutes les villes de France, quand, au milieu de la torpeur universelle, elle, du moins, a su élever la voix pour saluer la victoire de l'esprit moderne, de la justice et de la civilisation triomphant aux États-Unis, de toutes les mauvaises passions du vieux monde. Que donc soit béni le jour où vous avez été ainsi l'organe de nos joies et de nos espérances !

Si j'avais su votre réunion, mes chers complices, fût-ce la veille, fût-ce quelques heures seulement à l'avance, je serais accouru à Nantes vous demandant place en vos rangs.

En lisant les récits des derniers événements qui s'accomplissent dans la grande République, j'éprouve les joies messiaques qui ravissaient le vieux Siméon en extase à la venue du Sauveur.

Oui ! le monde est sauvé! les vieilles monarchies, les aristocraties de toutes origines et sortes, les sacerdoces persécuteurs, ne prévaudront pas contre la conscience et la dignité de l'âme humaine.

Décidément ce n'est plus notre France, hélas! ni aucune des nations européennes, c'est la république d'Abraham Lincoln qui désormais sera la fille aînée des nations.

Comme on sait bien pratiquer là toutes les généreuses et viriles habitudes du gouvernement de soi-même ! Comme on y garde et professe le respect de tous les devoirs de la démocratie ! Ce n'est pas de ces armées-là que,

Pour s'anoblir les chefs sortant des rangs,

. . . .

. . .. , ...

. . . .

. . . .

Que la jeune Amérique soit la bienvenue en ce monde, et que Dieu soit béni !

G. BORDILLON.

———

XXXI

A M. CARNOT.

Angers, 29 avril 1865.

Mon cher Carnot,

Ne me laissez pas rougir du silence que garde le Corps législatif en présence de l'assassinat de Lincoln. La grande Constituante prenait le deuil pendant trois jours, à la mort de Franklin.

Le Premier Consul, lui-même, se sentait poussé par l'opinion de la nation, à la nouvelle

14.

de la mort de Washington, et l'oraison funèbre de ce héros était solennellement prononcée au nom de la France sous les voûtes des Invalides.

Le parlement italien voile d'un crêpe son drapeau et décrète un deuil public en commémoration du grand honnête homme qui vient de tomber martyr de la foi démocratique.

Le parlement anglais s'émeut ; soixante de ses membres déjà ont spontanément signé une première adresse.

Pas une grande cité dans cette vieille et libre Angleterre, où ne surgissent des réunions de citoyens.

En France, pour toute manifestation nationale, nous en voici réduits à l'envoi d'un chambellan que Sa Majesté a daigné dépêcher au ministre des États-Unis.

Mes chers amis, les représentants de la France, c'est vous. Parlez pour nous. . . . . . .

. . . .

Je n'ai jamais senti plus vivement que depuis trois jours, notre étouffement intellectuel et moral. Se comprend-il que dans une grande cité de cinquante mille âmes, dans notre ville d'Angers, pas une voix ne puisse se faire entendre pour susciter l'adhésion expectante et latente des sentiments communs qu'éprouve assurément cette généreuse et muette population?

Sous le faix de ce cauchemar j'ai réuni quelques amis et nous sommes allés, de concert, demander à l'un des pasteurs de nos deux églises protestantes de célébrer un service solennel en commémoration du président Lincoln.

Il y aura une grande affluence. . . . . .

. . . .

. . . .

La mort du président Lincoln n'est pas seulement un deuil pour la nation qu'il gouvernait avec tant de sagesse, elle est un deuil pour l'humanité. Si les États-Unis d'Amérique associent au nom de Washington l'idée de leur indépendance, l'idée qui se rattachera dans l'avenir au nom de Lincoln est celle de l'abolition de l'esclavage, fléau destructeur de toute morale publique et privée. Lincoln a racheté son peuple de cette honte ; il l'en a racheté au prix de son sang.

Infatigable dans la lutte, généreux et modéré dans le triomphe, Lincoln a démontré par sa vie la puissance active des institutions libres et démocratiques. Sa mort démontrera leur puissance de stabilité. Autant il faut admirer comment ce grand honnête homme a su les mettre en pratique, autant il faut avoir confiance qu'elles sauront se passer de lui.

L'Amérique, en fortifiant dans nos cœurs, par de tels exemples, l'amour de la liberté, fera pour notre génération autant que la génération de nos pères fit pour elle autrefois. La fraternité des deux nations sera doublement cimentée.

G. BORDILLON.

XXXII

A M. LE DOCTEUR CH. FOURNIER.

Mon cher maître, je vous en fais juge : de mon curé ou de moi, qui donc propage les mauvais livres ? qui de nous deux sème l'ivraie dans le champ du Père de famille et donne un serpent à l'enfant en guise d'un poisson.

Ce brave curé de Grézillé me prend, en deux prônes consécutifs, pour texte de ses dévotes apostrophes. Dimanche dernier j'étais dénoncé comme propagateur de très-dangereux livres ; le mot *livre infâme* est venu spontanément à la bouche de mon charitable pasteur. C'est quasi dire : Raca !

Je commence par vous déclarer que, si Dieu me veut pardonner mes fautes comme je pardonne au susdit offenseur, mon salut éternel ne doit vous causer aucun doute. Mais, si parfaitement calme que me puisse laisser l'attaque, reste encore à savoir si l'homme *à la paille* ne serait pas précisément l'homme *à la poutre.*

Or, voici ma *paille* à moi. J'ai prêté au menuisier de la commune et par lui *urbi et orbi* aux alentours, *l'Opinion nationale*, *l'Avenir national*, tous les petits in-18 de la *Bibliothèque utile*, etc., etc. J'ai de plus (et c'est là le *livre infâme*) prêté, sur sa demande, l'*impie Renan* (*Vie de Jésus*) à un gaillard de quarante ans, qui

me déclarait que ses croyances étaient « en religion, celles de Georges Sand ; et en politique
celles de Lamartine. » Il est vrai que cet étrange
catholique a fait (pour guérir sa mère qui n'en
est pas moins morte) un pèlerinage à la Salette
et un autre à Jérusalem.

Puis voici la *poutre* de mon curé : il a consti-
tué une congrégation d'hommes, qu'il a réunis
et régente ; pour les édifier il leur donne un
petit livre que j'ai sous les yeux. A la suite de
quinze ou vingt sottes histoires platement élo-
gieuses du roi Charles X, par exemple, ou gros-
sièrement plaisantes aux dépens de *l'Opinion nationale*, du *Siècle*, de M. About et de M. La
Bédolière, vient à la page 214 l'annonce d'un
livre dont voici le titre :

« *Le Miracle de saint Janvier, à Naples.*
Étude critique, historique, théologique et scientifique par M. l'abbé Postel, du diocèse de Paris,
docteur en théologie ; 1 fort volume, orné d'une
gravure, représentant les fioles qui renferment le
sang de saint Janvier.

« Témoin du miracle à plusieurs reprises et

pendant plusieurs années, c'est *de visu* que
M. l'abbé Postel parle de ce miracle. »

Et moi je vous adresse la tragique apostrophe
de Manlius. « Qu'en dis-tu? » . . . .

. . . .

Voyez quelles belles destinées se préparent
pour l'espèce humaine, en Amérique, en Italie,
en France même, et dans toute la partie *sous-
cutanée* de la société européenne prête à dépouiller la vieille peau de l'Europe officielle !

G. BORDILLON.

XXXIII

A MADAME GIRAULT-LESOURD.

Angers, ce 11 juin 1865.

Ma bien chère dame,

La journée m'est heureuse : à mon retour de
Montbenault (où nous venons de faire et de ven-

dre d'excellents foins durant toute la dernière semaine) je trouve ici :

1° Une lettre de vous, et c'est à elle que tout d'abord je veux répondre.

2° Une lettre d'Eugène Pelletan, scintillante d'esprit gaulois et de verve huguenote.

3° L'*Italia*, que m'adresse le brave docteur Riboli (numéro du giovedì 8 giugno 1865); je vais lui écrire de ma meilleure encre.

4° Une lettre d'Égypte accompagnant et m'exposant l'envoi d'une petite brochure publiée à Alexandrie sous ce titre :

« *L'âge et le but des pyramides lus dans Sirius, par Mahmoud-Bey, astronome du vice-roi et ancien élève d'Arago.* »

Je viens de lire ce curieux petit livre et vite je le vais porter à M. Adville. Il contient des calculs astronomiques à faire pâmer de joie notre vénérable et savant ami. Gare à l'Egyptien ! s'il s'est trompé d'un iota dans le calcul *du déplacement du point équinoxial et de l'obliquité de l'équateur mobile sur l'écliptique fixe de Laplace* (1750) ! ! !

N'est-ce pas un admirable signe des temps que cette publication, *en Égypte*, de doctes recherches astronomiques et archéologiques par un enfant de Mahomet aussi peu préoccupé de l'orthodoxie musulmane que je le suis des foudres de l'Eglise !

Que béni soit Dieu de la joie qu'il me donne en me rendant témoin de ces merveilleux témoignages du progrès de la civilisation !

5° Enfin, une lettre de mon ami Guépin suivie (grâce à sa bonne et vieille habitude) d'un post-scriptum qui la continue et la complète, sans qu'il soit précisément facile de s'expliquer pourquoi la signature se trouve intercalée entre deux paragraphes de cette causerie, tout d'une haleine et au courant de sa vaillante plume. Le conseil municipal de Nantes, André Léo, la ferme modèle de Poulvernic, puis encore André Léo, ses livres passés et son livre futur sur la Bretagne, puis une idylle, un rêve que Georges Sand ne désavouerait pas, avec accompagnement à l'américaine de porcherie, vacherie, volaillerie et jardin potager ! Il y a de tout en la charmante épître de ce Guépin.

Ah ! que ne l'avais-je avec moi dans nos prairies pendant que je suivais nos faucheurs et faneuses, m'enivrant de l'odeur des foins sous un soleil tropical. En aurions-nous dit sur l'état actuel et l'avenir du monde !

Je remercie bien cordialement sa femme d'avoir eu l'obligeance de me servir d'interprète, auprès de madame Ch... (André Léo).

Si vous la voyez, cette intelligente et courageuse dame Ch..., dites-lui bien le respectueux assentiment que je donne à son œuvre[1]. La thèse qu'elle soutient est vraie de tous points et les productions classiques les plus autorisées, les formules de langage les plus habituelles encore témoignent de notre hypocrite ou routinière obédience au mensonger enseignement de la théologie juive. Racine ne fait-il pas dire aux fillettes de Saint-Cyr :

> Ah ! des fautes d'autrui, malheureuses victimes !
> Que nous servent, hélas ! des regrets superflus !
> Nos pères ont péché, nos pères ne sont plus ;
> Et nous portons la peine de leurs crimes !

---

[1] Lettre d'une mère de famille à M. Duruy.

Ailleurs, une d'elles regrette la bonne fortune de ne pouvoir assassiner, durant son sommeil, un confiant ennemi qui viendrait s'endormir sous son toit hospitalier, et elle s'écrie :

> Du moins, si je pouvais comme autrefois Jahel,
> Des ennemis de Dieu clouer la tête impie !

Bon petit cœur ! va ! confesse-toi à l'abbé Jules Morel !

Et, avant-hier, en pleine Chambre des députés, Chaix n'invoquait-il pas « *le Dieu des armées, qui bénit le sang versé dans les combats !* »

Mais voici que le papier, plus et mieux ménager de votre temps que je ne le suis, va me manquer.

G. BORDILLON.

XXXIV

A M. LE DOCTEUR GUÉPIN (DE NANTES).

Angers, 23 juin 1865.

Mon cher Guépin,

Un des hommes que j'aimais le mieux et que j'estimais le plus vient de mourir.

Peauger s'est éteint, m'écrit Freslon, avant-hier à neuf heures, au moment où sa maladie de quelques semaines semblait en phase de convalescence.

Les journaux ont dû vous apprendre sa mort, et je remercie Elias Regnault des nobles paroles qu'il consacre à son souvenir dans l'*Avenir national* de ce matin même.

Si j'étais à Paris, j'aurais sollicité l'honneur de rendre à ce brave Peauger un témoignage de reconnaissance au nom de ce département de Maine-et-Loire qu'il a chaque jour, durant plusieurs années, édifié, nourri d'un enseignement généreux, robuste et sain, comme rédacteur en chef du *Précurseur de l'Ouest.*

Plus jeune que nous de dix années, Peauger était bien un des meilleurs, un des plus nobles enfants de la démocratie française. Je ne vous saurais dire quel charme avait pour moi sa causerie, et en quelle intime communion de sentiments et d'idées, d'aspirations, de regrets et de répugnances, je me sentais vivre avec lui quand chaque année, à la quinzaine que je vais passer à Paris, tous les jours je me rendais auprès de cet excellent homme pour y passer les instants que je tenais pour les mieux remplis. C'est à ces conversations surtout que je faisais allusion quand j'aimais à dire : « Je viens de faire mes pâques à Paris. »

Sa mort enlève aux pèlerinages annuels que j'espérais encore y faire une notable part de l'attrait et de l'intérêt qu'ils auraient eu pour moi.

Dites à votre ami, le jeune Mangin [1], qu'il paye

---

[1] Du *Phare de la Loire.*

pour nous la dette de gratitude des patriotes de nos contrées, qu'il s'inspire d'Elias Regnault et qu'il soit convaincu de la vérité que voici :

Parmi nos contemporains, quelques-uns peut-être, en bien petit nombre, à mon sens, ont pu mériter par leur intelligence et leur caractère, par leurs généreuses aspirations, leurs vaillantes qualités et la dignité de leur vie d'être placés au rang de Peauger, mais aucun, que je sache, d'être mis au-dessus de lui dans notre affection et notre respect.

G. BORDILLON.

XXXV

A M. TROUESSART,

Professeur à la Faculté des sciences de Poitiers.

Angers, 30 août 1865.

Ce n'est pas vous que j'ai à féliciter, mon cher et docte ami, de la décoration inutile qui vous advient : c'est votre ministre que j'en félicite, et la Légion d'honneur que je tiens pour très-heureuse de votre promotion.

Vous voici donc *membre* de la Légion d'honneur, comme disait, sur les bancs de la police correctionnelle, Paul-Louis Courier, votre devancier dans l'ordre : — « *Membre* de la Légion « d'honneur, M. le président, et non pas « *Chevalier*, — comme vous m'appelez ; car ce « ruban-là ne me fera jamais oublier ma très- « populaire origine ! »

C'est à peu près ce que j'écrivais, il y a un an, à mon ami Barthélemy Hauréau, pour le consoler, lui aussi, du cas de croix d'honneur dont, à son insu, il se trouvait atteint. Je vous sais, lui-disais-je, de très-honorables compagnons : Vacherot est décoré ; Jules Simon aussi. Si j'en trouvais dix autres comme eux et vous, je me sentirais enclin à reproduire au tribunal de ma conscience le plaidoyer d'Abraham disant à Dieu :

« *Numquid perdes justum cum impio, si fue-*

« *rint decem justi in civitate? quid, si inventi*
« *fuerint ibi decem?* »

Et malgré mes colères démocratiques contre
cette très-monarchienne institution et les scan-
daleux abus que j'en sais, me rappelant que mon
noble ami l'abbé Grégoire, de vénérable et sainte
mémoire, en avait reçu les insignes, qu'Hauréau,
Jules Simon, Vacherot et vous, les portez, je dis,
comme le Seigneur :

« *Non delebo propter decem.* »

C'est un souvenir napoléonien, un souvenir
de la Chambre des pairs, qui ravive mes antipathies contre cette institution, et ce souvenir le
voici :

Après sa tentative de Boulogne, Louis Bonaparte, traduit davant la cour des pairs, s'y pré-
sentait la poitrine couverte du grand cordon de
la Légion d'honneur.

« De quel droit, lui disait le vieux chancelier
« Pasquier, portez-vous ce cordon ?

« — Je l'ai trouvé dans mon berceau, » ré-
pliqua l'accusé.

La réponse était excellente (*admittis admittendis*) et parfaitement logique, dans le lieu où elle se produisait, de la bouche dont elle sortait et s'adressant à l'auditoire qui la provoquait.

Un prince répliquant au *duc* Pasquier, au milieu de ces gens qui se prétendaient *pairs de France*, était dans son rôle, quand il disait sans réplique possible : « Vous et moi, ne procédons-« nous pas du régime du droit divin, de la faveur, « du privilége de la naissance? J'ai ce cordon « sur la poitrine, comme mon cousin Napoléon II « avait au berceau la couronne de roi de Rome « au-dessus de sa tête, *par la grâce de Dieu et* « *parce que je me suis donné la peine de* « *naître.* »

Donc, j'en veux à la Légion d'honneur, non-seulement d'avoir compté dans ses rangs Fouché, Talleyrand et leurs pareils ; non-seulement d'avoir perverti le sens moral de mille et mille gens de cœur qui (comme, à Sommo-Sierra, les Polonais de Dombrowski) prodiguaient, sous sa prestigieuse influence, des miracles de bravoure au service d'une cause impie ; mais je lui en veux de toute la vérité *relative* qui éclate dans la réponse princière de Louis Napoléon. Cette fois, comme souvent, ce sagace et robuste esprit a vu *juste* et dit *vrai* avec une propriété d'expression saisissante, mais il a vu *juste* au point de vue dynastique où il était placé, et il a dit *vrai* en la langue d'autrefois, la seule qui se pouvait parler dans une *chambre des pairs*.

Cette institution de la Légion d'honneur, contemporaine de celle de la *noblesse* de l'Empire, et aussi, à quelques années près, des Gardes d'honneur (comme Bonaparte appelait, en 1813, les fils de la riche bourgeoisie embrigadés en hussards, avec promesse du grade d'officier pour l'année suivante), était *fort logique* sous un régime aspirant à cet idéal : « *un peuple catholique, monarchique et soldat.* »

Monge fait duc de Péluse et Cuvier créé baron auraient anobli la noblesse impériale, si on l'avait dû prendre au sérieux ; vous décoreriez la décoration si vous et vos pareils la portaient seuls.

Je vous demande pardon, mon cher et sage

ami, de vous avoir si longtemps causé de cette
futile chose : *de minimis non curat prætor*.

G. BORDILLON.

XXXVI

A M. LE DOCTEUR GUÉPIN (DE NANTES).

Angers, ce 21 septembre 1865 (5e compl. an 73).

Mon cher Guépin,

Je viens finir avec vous l'an 73, dont le cinquième complémentaire commence ; ou bien encore je viens passer avec vous cette dernière
journée de l'été.

Pour tout notre hémisphère, l'automne com-
mencera demain ; pour vous et moi, mon cher et
vieil ami, l'automne de notre vie depuis quelques années déjà s'écoule. Que vous importe,
heureux grand-père, qui revivez en si juvéniles
rejetons !

J'ai reçu votre lettre sur la *décentralisation*,

et je n'y avais point fait réponse ni ne l'avais en-
voyée à Freslon.

Je n'y avais point fait réponse ; bien qu'elle
en comportât une très-sérieuse, parce qu'en ces
derniers temps avec nombre de mes multiples
projets irréalisés, était celui d'aller prendre un
bain de mer et un bain d'air salé sur vos côtes,
et de passer avec vous un jour à Nantes au retour. Nous aurions coulé à fond cette complexe
question de la *décentralisation*.

Si je n'avais souveraine répugnance à me trouver en compagnie de M. Guizot, je vous répéte-
rais son mot : « On peut suivre l'une ou l'autre
voie. »

Que chacune des deux solutions ait bonnes
raisons à produire, j'en trouve la preuve dans la
division même que cette question a soulevée
entre nos amis. Mais sous ce même nom de *décentralisation* s'abritent des aspirations bien
diverses ; j'ajoute bien opposées.

Vacherot et vous, ne voulez et n'espérez certes
pas ce que désire M. de Falloux.

Quant à moi, l'acquiescement de M. de Falloux est à lui seul un argument suprême et sans réplique, pour m'éloigner de l'association de Nancy.

Il déteste tout ce que j'aime, aspire à tout ce que je redoute.

Je n'ai point envoyé votre lettre à Freslon parce que je l'attendais d'un jour à l'autre. Il ne viendra que vers le 1er octobre ; puis il doit être pour la *décentralisation*.

G. BORDILLON.

XXXVII

A M. LE DOCTEUR GUÉPIN (DE NANTES).

Angers, le 2 novembre 1865.

Mon cher Guépin,

La terre est un convoi en route pour l'éternité ; naître c'est prendre place dans le train, et mourir c'est faire escale.

Donc, mon cher et vieux compagnon de route,

je bénis Dieu de vous rencontrer en ce train au nombre de mes amis de voyage, et je vous conseille et prie de passer vite dans mon wagon où quelques autres et moi serions heureux de nous trouver un moment réunis avec vous.

De cette invitation spéciale et actuelle (car elle vous est incessamment et de droit divin adressée) voici le pourquoi: Freslon vient d'arriver en ce pays, venez le rejoindre. Freslon cause comme un livre, comme un livre d'élite, s'entend. Vous lui donnerez la réplique.

Je vous serre la main.

G. BORDILLON.

XXXVIII

A MADAME CH. *** (ANDRÉ LÉO).

Angers, le 17 janvier 1866.

Ma bien chère dame,

J'aime les États-Unis d'Amérique parce qu'ils réalisent et dépassent tous mes rêves, satisfont mes bonnes et même mes petites passions. Commencerai-je par ce mesquin côté?

X... doit être navré de leur triomphe.   .   .

. . . .

. . . .

Les égoïsmes princiers, les calculs césariens avaient espéré la chute de la grande république, sa division, le succès des esclavagistes, la prédominance du soldat, de l'aristocrate, du courtisan et du viveur, de tout ce qui dégrade la société humaine et met les âmes au pourrissoir!

Donc, bénie soit l'heure où ces sataniques aspirations ont été déjouées! Béni soit le grand peuple qui m'a donné la joie de voir les attentes des pervers confondues!

J'aime et j'admire l'Amérique, parce que c'est la plus splendide *fabrique d'hommes* que je connaisse dans le présent et dans le passé de l'histoire de notre espèce.

« Dieu sait, quand il lui plaît, susciter des enfants d'Abraham avec des pierres. » Je ne crois point au Dieu fantasque ni à ses fantaisies de bon plaisir; mais ce souvenir biblique me revient en mémoire, s'interprétant, s'accommodant aux lumières de notre temps dans mon esprit, quand je contemple la merveilleuse soudaineté avec laquelle les institutions d'Amérique ont suscité, au fur et à mesure des besoins de leur gigantesque lutte, les hommes et les choses qu'elle requérait. Ces huit cent mille soldats et de formidables engins de guerre, produits si vite par la plus laborieuse des sociétés humaines, *licenciés et liquidés* si simplement dès l'achèvement de leur besogne; ces généraux trouvant tous si naturel de demander à leur travail, même de la plus modeste sorte, la sustention de leurs besoins en rentrant dans les rangs de la vie civile ; — tout cela me transporte d'aise, et je me sens enclin à dire comme le vieux Siméon à la vue du Christ : « Tu peux me rappeler à toi, Seigneur! parce que mes yeux ont vu l'avénement de la société de citoyens dont tes intimes révélations m'avaient fait la promesse. » Quelles figures de Plutarque ont plus d'accent et meilleur aspect que celles de Lincoln, de Johnson, de Grant?

Ce brave Johnson qu'ils traitaient d'ivrogne,

se passe la fantaisie (comme délassement des
soins du gouvernement) de tailler et coudre de
ses mains un habit complet qu'il adresse en
cadeau à son ami le gouverneur du Tenessee.
Mais celui-ci, ancien forgeron, réplique en forgeron en fabriquant une pelle et une pince que,
dans son accès *d'humeur* anglo-saxonne, il offre
à l'ex-tailleur pour « attiser, dit-il, les feux de
leur amitié; » et, quand vient l'heure, l'homme
qui a provoqué ces joyeusetés de sublime loustic,
se trouve tout à coup au niveau des plus diverses
et des plus solennelles situations. Il administre
en politique consommé ; il expose et discute les
intérêts de son pays en diplomate de premier
ordre.

Et Grant ! Mon bisaïeul était tanneur : je ne
saurais vous dire combien j'aime ce fils de tanneur, qui, si dextrement, il y a cinq ans à peine,
dirigeait chez son père le tannage des peaux de
bœufs. A la voix de la République il quitte sa
tannerie, comme à l'appel du Maître les apôtres
de Jésus quittaient leur barque de pêcheurs, et
chez lui la Pentecôte est soudaine : homme de

guerre et écrivain éminent, il dirige les innombrables armées de sa patrie avec la même sûreté d'aperçus qu'après la victoire, en son rapport au président, il juge et caractérise les acteurs et les incidents de la lutte.

Que sont les victoires et conquêtes de Sa Majesté l'Empereur et Roi, que sont les bulletins *de sa grande armée* et de son *invincible garde* durant l'ère des tueries napoléoniennes, auprès de ce magnifique drame militaire dont la loyale et sage République des États-Unis a si bien su comprendre, accepter et remplir tous les devoirs ?

Donc, gloire à ma noble et bien-aimée République, car c'est elle qui a su produire les grands hommes et les grandes choses dont nous voici témoins ! C'est là ma vengeance...

Et vous verrez comme mille et une conséquences de ce triomphe de la civilisation vont vite et bien justifier mon allégresse ! La sainte contagion du bien va s'étendre désormais avec une irrésistible puissance.

Je viens d'être grondé, cependant, et grondé

par un vieil ami (Dutrône, un saint homme, je vous assure, et des meilleurs que j'aie connus), qui, du fond du Calvados, me reproche amèrement la défaillance dont je l'ai affligé en prêtant serment, il y a quelque temps, comme conseiller municipal. Ma conscience donne raison au vieux Dutrône. Qu'en pense Édith? je respecte la voix de Dutrône; mais je vénère la parole d'Édith.

Si je ne me faisais scrupule d'occuper, à la lecture de ces interminables pages, un temps dont je sais l'excellent emploi, j'ajouterais un mot encore à tout ce qui précède.

Si vous voyez notre noble amie, madame Guéroult, rendez-moi, rendez à son mari le service de la prendre pour interprète des tristesses et des colères que je ressens, quand chaque matin, en ouvrant mon numéro de l'*Opinion nationale*, j'y trouve inclus un prospectus des loteries *autorisées par le gouvernement* avec leur promesse de gros lot, leurs chances de 500,000 francs de gain fortuit, qu'ils font miroiter aux yeux de tous les pauvres ouvriers et paysans de France en quelque recoin qu'ils habitent.

Il me paraît odieux que la presse subisse l'immonde contact de ces institutions perverses et dépravantes.

Que les misérables qui fomentent et exploitent la passion du jeu, l'espoir du lucre fortuit et du gain sans travail au profit d'un très-petit nombre d'élus du hasard et aux dépens d'innombrables dupes, trouvent habile de se donner pour aide et complice la notoriété de la presse politique, sa publicité et l'autorité même qu'elle s'est acquise, on le comprend de reste. Mais la *simonie* est le trafic des choses saintes; n'est-ce pas faire acte de simonie de la part de la presse libérale que de donner ses enseignements mêmes pour compagnons de route et véhicules aux actes de propagande des loteries?

Je viens d'en écrire à Guéroult un mot *ab irato* et de dénoncer ce scandale à mon ami Lemonnier, auquel j'avais ce matin même à répondre.

Que mon petit ami Léo bénisse Dieu d'être le fils de sa mère !

G. BORDILLON.

XXXIX

A M. MICHEL CHEVALIER, SÉNATEUR.

Angers, 16 février 1866.

Mon cher sénateur,

Je vous félicite et vous remercie de la confiance que vous avez eue en la recommandation que je vous adressais, quant au patronnage de la création d'un nouveau journal à Angers.

Je ne conseille jamais que ce que je ferais moi-même à la place de celui auquel ce conseil s'adresse, tenant compte de ses aspirations, de ses croyances, de ses intérêts et non pas des miens.

Donc, mon cher ami, vous avez vu juste et dit vrai quand, vous plaçant à votre point de vue, en votre situation personnelle, vous avez exposé au ministre quelles considérations générales et locales devaient appuyer auprès du gouvernement dont vous êtes, vous, le loyal et intelligent coopérateur, la création en notre ville du journal bi-hebdomadaire qu'offrent de fonder les deux braves gens que je vous ai adressés.

Si je demandais, moi, à reproduire après quinze ans de suspension, mon vieux journal démocratique *le Précurseur de l'Ouest* que je fondais à Angers il y a un quart de siècle, de concert avec mon noble ami Peauger, je comprendrais les hésitations et répugnances, sous le présent régime, de M. le ministre de l'intérieur, quand tout d'abord la loyauté me commanderait de lui dire que je vis et mourrai dans l'impénitence finale de mes croyances républicaines. Et encore! je suis quasi tenté de croire que je l'obtiendrais *quand même* si j'adressais directement cette demande à l'Empereur; surtout si je faisais appel au souvenir de Peauger pour lequel il a toujours professé une intime et quasi révérencieuse affection.

Mais ce n'est ici ni de moi, vieux débris d'un autre régime auquel j'entends rester fidèle, ni de mes aspirations qu'il s'agit : les deux imprimeurs (un ancien notaire et un marchand libraire) qui veulent fonder le journal, donnent au régime impérial par leurs précédents, leurs intérêts et la placidité conservatrice de leur libé- ralisme *honnête et modéré* toutes les garanties désirables.

Si mon vieil ami Boudet était encore au mi- nistère de l'intérieur, je lui aurais exposé la situation avec certitude de la confiance qu'il au- rait eue (malgré nos dissidences politiques) en mon intime connaissance des choses et des hommes de ce département, et en mon appré- ciation, quant à l'intérêt d'y laisser créer le troi- sième journal qu'on demande à publier.

.   .   .   .

.   .   .   .

Je vous serre la main.

G. BORDILLON.

XL

A M. ÉLIE SORIN [1].

Angers, le 18 février 1866.

Je suis fort en retard avec toi, mon cher Élie; mais voici qu'aujourd'hui s'offre une occasion de t'écrire, et je m'empresse de la saisir. J'avais annoncé à Carnot, en l'une de mes dernières lettres, qu'à mon prochain voyage annuel de Paris, je me proposais de lui présenter : « mon jeune cousin Élie Sorin. » Probablement ce voyage s'accomplira vers la dernière quinzaine de carême, comportant une semaine de spectacles et durant l'autre, la semaine sainte, l'audition des admirables chants de l'Église, que, vieil impie que je suis, je vais entendre avec d'ineffables joies. Puis, tout le jour durant, mes visites à ceux des amis qui survivent encore, débris comme moi

---

[1] Je publie cette lettre parce qu'elle affirme à quel titre intime, j'ai pu réclamer l'honneur d'écrire le récit d'une vie que d'autres auraient pu retracer mieux que moi.

E S.

d'une génération quasi éteinte. C'est ce que j'appelle « aller faire mes pâques à Paris. » Chaque année, hélas ! manquent pour moi quelques-uns des convives de cette communion que je vais faire, en esprit et en vérité, avec mes vieux coreligionnaires et amis. C'est ainsi que depuis mon dernier voyage, est mort avant l'heure, mon cher et généreux ami Peauger, intelligence d'élite, et caractère noble entre tous !

Donc, j'ai par accès des invasions de tristesse qui peuvent me prendre au moment du départ, et me déterminer à l'ajournement du voyage ; c'est en cette prévision que je viens de remettre, à ton brave père qui te l'adresse, une lettre d'introduction auprès de mon ami Carnot.

Je ne puis rien faire, je pense, qui te soit plus agréable et plus en aide à ton entrée en la vie parisienne, que de te présenter à ce loyal et excellent homme. Il y a quarante années que nous sommes liés d'une amitié qui ne s'est jamais refroidie.

Ne me remercie point, mon cher garçon, du plaisir que ces relations nouvelles vont te causer, j'espère ; c'est moi qui me sens et qui suis obligé toutefois que je rencontrerai la bonne fortune de faire quelque chose pour toi. Tes vieux parents se réfèrent aux meilleurs et plus intimes souvenirs de ma vie. Ta grand'mère, que tu n'as pas connue, m'a comblé de soins et de quotidiens témoignagnes d'affection durant toute mon enfance, toute ma jeunesse, et ce que je puis faire pour toi ne payera jamais, au centuple, la dette de cœur que j'ai contractée envers elle. C'était au reste, en sa modeste position, et avec les naïves ignorances de sa foi d'un autre âge, une des plus intelligentes et des meilleures femmes qui se puissent rencontrer. J'ai pour sa mémoire un véritable culte.

Adieu, je te serre la main.

G. Bordillon.

XLI

A M. BARTHÉLEMY HAURÉAU (DE L'INSTITUT).

Mon cher Hauréau,

Rendez-moi un service que vos intimes rapports avec les Lasteyrie et les Lafayette vous feront facile, plus encore que vos études et connaissances personnelles.

Je fais singulièrement état de tout ce qu'écrit H. Taine. Ce vigoureux, sagace et original esprit est, à mon sens, un des plus notables représentants de la génération nouvelle, qui remplace et relègue à l'œuvre notre génération épuisée.

Mais il vient de me mettre en colère, de me scandaliser en mes vénérations traditionnelles, de me *déshcurer* en mes appréciations acquises et si vieilles, que je ne saurais plus guères les motiver aujourd'hui que comme une *résultante* des vagues études et ouï-dire d'autrefois. « On ne lit plus à mon âge, on relit, » disait le vieux Royer.

H. Taine, en ses nouveaux *Essais de critique*, publie dix-sept pages sur Jefferson. L'ouvrage de M. Cornélis de Witt en est l'occasion.

Il y a deux hommes du dix-huitième siècle dont je suis tout particulièrement épris, en dépit des défaillances que je pourrais reprocher à leur vivante et sympathique nature ; ces deux hommes sont : en France, Diderot; en Amérique, Jefferson.

Me suis-je mépris, laissé surprendre et voler, par Jefferson, une affection dont il n'était pas digne?

That is the question! Je vous la pose; ayez la complaisance de m'être en aide pour la résoudre. Posez-la à vos amis.

Si Jefferson n'était accusé que par l'écrit de M. de Witt, je n'aurais guères souci de ces attaques; mon vieil esprit de défiance démocratique me rendrait bien plutôt enclin à les tenir pour éloges, tant m'est antipathique et suspecte toute appréciation sortant, même par écho, de la bouche de Calvin-Guizot ! Pour moi, c'est l'homme ennemi, *inimicus homo*. Il n'est pas de ma nation, ni de ma tradition, et, c'est à lui que depuis quarante années, je dis du fond de ma conscience religieuse et politique ce qu'Abraham disait à Lot : « *Recede a me, obsecro ; si ad sinistram ieris, ego dexteram tenebo ; si tu dexteram elegeris, ego ad sinistram pergam.* »

Mais H. Taine ne procède pas de la détestable origine de ce grand hérésiarque doctrinaire. Je ne lui sais ni la morgue, ni les hautaines répugnances, les intimes antipathies que je maudis en Guizot contre ma sacro-sainte Révolution française. Donc, la parole si judicieuse, à l'ordinaire, de H. Taine me commande examen et doute. Venez au secours de mon anxiété.

Comme *résultante* de toutes mes informations, et, depuis mon enfance, depuis les récits quasi légendaires d'un de mes vieux jacobins de cousins, qui avait fait la guerre de l'indépendance, Jefferson était resté pour moi l'aimable et bien-aimé représentant de tous les bons élans, de tout le bon sens pratique, de toutes les démesurées

et providentielles aspirations des Anglo-Améri-
cains.

J'admirais comment ce sagace visiteur de
notre vieille Europe avait su réunir au service
de sa vivace nation, les qualités des deux mondes :
philosophe comme un Français, praticien expert
et primesautier comme un Anglo-Saxon.

Aristocrate par sa naissance, par sa province,
par intérêts et habitudes de grand propriétaire
virginien, ce généreux esprit avait su se sous-
traire à toutes vulgaires séductions, et, c'est
Taine lui-même qui cite ces belles lignes : « Il
se rangeait parmi ces hommes *forts, sains et
hardis* qui s'identifient avec le peuple, qui ont
confiance en lui, qui l'estiment le dépositaire le
plus honnête et le plus sûr sinon le plus sage
des intérêts publics. »

Voici bien mon Jefferson, et, j'ajoute que loin
de le blâmer des concessions pratiques que son
grand et lucide esprit sut faire à l'œuvre, quand,
dans l'exercice de la magistrature suprême, il
eut à tenir compte, en certaine mesure des préventions, des naïves ignorances, et des entraîne-

ments transitoires de ses concitoyens, je lui en savais gré comme d'une abnégation généreuse, comme d'une sagace résignation à ne vouloir, comme Solon, que les *meilleures* lois *possibles* pour le temps et le peuple dont s'agissait.

Dans le portrait tracé par Taine, l'astuce, la perfidie, de mesquines passions personnelles, et d'indignes manœuvres à leur service, remplacent cette résignation sereine, bienveillante, pleine d'abnégation et de patriotique grandeur, avec laquelle je voyais le sage et prudent Jefferson se dévouer à l'éducation de la démocratie américaine, en sachant concilier toujours son respect pour ses convictions radicales et les ménagements transitoires que commandait la situation faite par le passé de ses concitoyens.

Visiblement, pour moi, Taine si pénétrant qu'il soit, cette fois a été dupe et victime de son contact avec les rancunes dont M. Guizot et son école honorent tous les serviteurs de la démocratie. La phrase finale en témoigne ; comment a-t-elle pu se glisser sous la plume de Taine? « Les États-Unis glissant sur leur pente naturelle, ont fini par descendre dans la démocratie brutale et viennent de supprimer leur aristocratie à coups de canon. » Ce que mes bien-aimés Américains du Nord viennent de supprimer, ce sont les esclavagistes, les viveurs du Sud, les fainéants et brutaux amis du despotisme d'Europe. Leur victoire est le salut du monde. Christ a vaincu !

Adieu.

G. BORDILLON.

P. S. En relisant ma lettre, sa date me rappelle qu'il y a dix-huit ans, à pareil jour, j'étais installé aux fonctions de commissaire du gouvernement, en ce département. Vive la République ! « *Etsi omnes, ego non.* »

XLII

A M. FRESLON.

Angers, 9 mars 1866.

Mon cher Freslon, je tiens comme non avenue votre visite en notre ville, en ces derniers temps, puisque la maudite indisposition dont je suis atteint m'a joué le mauvais tour de me faire si mal et si peu tirer parti de votre passage dont je m'étais tracé un si séduisant programme. . . . .

Mais ce n'est pas pour vous rédiger une épître de Diafoirus que je veux écrire, c'est pour exprimer toute la joie intime que je ressens à la lecture du discours de votre ami Prévost-Paradol.

Feu Chauvin disait :

> On est heureux d'être Français
> Quand on regarde la colonne !

Je n'ai jamais bien compris ni, grâce à Dieu ! partagé les extases de Chauvin ; mais son mot, avec variante, me revient en mémoire, et je me déclare heureux d'être contemporain et concitoyen de Prévost-Paradol, en lisant le discours de cet esprit d'élite. On ne saurait penser avec plus de délicatesse et de distinction, ni mieux dire dans la situation qui lui était faite, et à propos du sujet qu'il avait à traiter.

Quel plaisir j'aurais eu d'assister à cette séance ! et comme je vous félicite d'avoir eu cette bonne fortune! Vous le dirai-je? Comme le vieil homme chez moi garde partout, toujours et quand même ses ardeurs révolutionnaires, au moment même où je savourais en gourmet affamé tous ces délicats produits d'une intelligence de la plus exquise culture, par soubresauts, je m'arrêtais à un mot, à une incise qui me semblaient, si contenus qu'ils fussent, déceler les intimes tendances de l'orateur, et je me demandais s'il me fallait avoir le chagrin d'y comprendre que Prévost-Paradol, lui aussi, fût pour cette superstition qu'ils appellent *le pouvoir temporel*.   .

.   .   .   .

Que Guizot préconise *le pouvoir temporel*, je m'en félicite; car cet homme n'est ni de ma tradition ni de ma nation.

Mais Prévost-Paradol! c'est autre chose. Quand on a reçu de Dieu la grâce de cette incomparable lucidité d'intelligence et de cette générosité de caractère dont vous me contiez un jour un si touchant témoignage, s'agissant de sa mère, — *noblesse oblige!*

Adieu.   G. BORDILLON.

XLIII

A M. FRESLON.

Angers, 10 mars 1866.

Mon cher Freslon,

En vous écrivant hier, sur la vive impression des joies d'esprit que venait de me causer le discours de votre ami Prévost-Paradol, ma plume s'est inopinément et d'instinct, laissé induire à vous conter mes colères contre le *pouvoir temporel*.

Une préoccupation, tout autre en apparence, m'inspire en ce moment, mais elle est, vous le savez bien, très-conciliable, très-concordante avec celle de la veille : l'une et l'autre ont leur intime et commune origine en mon amour de séide pour les principes de notre sacro-sainte Révolution française que sapent et détruisent les menées ultramontaines qui corrompent en France le culte et la morale de l'Église.

Je recevais ce matin même les doléances indignées et les confidences d'un excellent homme, curé de canton, le plus loyal et le plus éclairé des membres de notre clergé. Si vous le devinez, taisez-vous son nom à vous-même, et comprenez combien était digne de respect la douleur de ce chrétien sincère, dernier, mais ferme représentant en nos contrées, des saines croyances de l'Église gallicane.

Ma paroisse, me disait-il (la plus importante paroisse d'une des grandes cités de l'Ouest), est menacée de subversion morale et religieuse. Toute autorité, toute influence du pasteur est ruinée par les intrigues et menées d'intrus de nouvelle sorte. De Lyon, viennent s'abattre dans ma paroisse, sous le nom d'*oblats de Marie*, d'habiles faiseurs qui, sans respect de nos lois civiles et canoniques, se substituent au pasteur légitime, pervertissent le culte et la morale, et, sous prétexte de *l'adoration perpétuelle du Saint-Sacrement* établie dans leur chapelle, égarent par les dévotionnettes fétichistes de leur choix les pauvres âmes ignorantes et faibles que capte et séduit leur charlatanisme pharisaïque.

Mon cher curé, ai-je répondu en recevant cette douloureuse confidence, tout libre penseur que je puis être, vos plaintes et vos indignations ravivent en moi tous les échos, toutes les ferveurs de ma première communion. L'Église chrétienne, en ma jeunesse, tenait pour ennemis, entre tous redoutables, ces menées qui dégradent la dignité du culte et abaissent la sainteté des croyances. Et, à vous, mon cher ancien ministre des cultes, je vous dis : « *Caveant consules !* »

G. BORDILLON.

XLIV

A M. FRESLON.

Au Pinpéan, commune de Grézillé, par Brissac, 25 mai 1866.

Mon cher Freslon,

Je suis fort en retard avec vous ; mais si, depuis plusieurs semaines déjà, votre dernière lettre est restée sans réponse, par la pensée du moins, chaque jour j'ai vécu avec vous, plus souvent et plus intimement que jamais, en présence des graves événements qui se produisent et se préparent en Europe ; je vous dis mes anxiétés et mes colères, mes aspirations et mes appréciations quant à toutes les phases possibles de ce grand drame où vous et moi n'assistons plus que comme impuissants témoins.

Sur tous ces points-là nous devons être d'accord, et, cependant, je crains qu'en certaine mesure le prestigieux contact de votre ami Thiers, vos intimes et quotidiennes relations avec Lanjuinais, Dufaure et leur intelligent, mais trop bourgeois cénacle, ne vous induise en fausse voie quant à la question du pape et de l'Italie.

J'aurais bu coup sur coup toute la barrique de généreux vin de Montbenault que j'ai dépêchée à Caprera à mon noble ami Garibaldi, que je ne me sentirais pas plus ardemment qu'à cette heure, bondir au cœur toutes les traditions, les défiances, les colères et les audaces de ma sacro-sainte Révolution française.

« *In illâ vivimus, movemur, et sumus.* »

Donc, j'ai envie d'aller me joindre à Garibaldi et de lui dire : « Je suis la Révolution, je viens te servir d'aumônier ! »

Adieu.

G. BORDILLON.

XLV

A M. FRESLON.

Angers, 12 juin 1866

Mon cher et vieux compagnon de vie,

J'arrive à l'instant de Montbenault et je réponds *au débotté* (vieux style, souverainement impropre en l'occurrence, s'agissant d'un monsieur qui n'a éperons ni bottes et qui descend prosaïquement de la carriole avec laquelle il était allé surveiller les faucheurs) à votre lettre d'avant-hier. Si grand plaisir que m'ait causé sa lecture, vous auriez bien mieux fait de venir jusqu'à Angers causer quelques moments avec nous, quand il y a quinze ou vingt jours vous êtes allé prendre une petite vacance à Bourg-Joly. Si je vous y avais su, j'aurais pris la voiture de la Flèche et tenté de vous serrer la main.

Carpe diem! ne laissons plus aucune occasion s'échapper ; nos jours sont comptés, et, désormais, nous n'en devons plus espérer qu'un si petit nombre, qu'en vérité j'ai hâte de mettre à profit chacun d'eux. Or, je n'en sais et rêve guère de meilleur emploi, de plus agréable et plus bénéficieux pour moi que celui d'une rencontre, d'une causerie avec vous. J'ai maudit aussi le malaise qui, avec ses deux ou trois recrudescences cet hiver, ne m'a pas permis d'aller passer à Paris ma quinzaine habituelle de fin du carême avec ceux de vous qui restez encore de ce monde. Je fais, en écrivant ces derniers mots, allusion surtout à la mort de Peauger, une des plus larges pertes que vous et moi ayons eu à subir.

Vous avez raison, j'assiste avec une anxiété singulière et un fébrile intérêt aux premiers actes du grand drame européen dont nous allons, je crois, être témoins. N'y serons-nous que témoins ?

Inutile de vous dire mes vœux ardents pour l'Italie, j'ajoute mes espérances, mes prévisions favorables et attentes de bon augure.

Ç'a été une vive joie pour moi que de recevoir, il y a quelques jours, en date de Caprera 29 mai, une lettre de Garibaldi ; j'éprouve en vérité quelque pudeur qu'à la veille des solennels événements dont le voici le principal et quasi providentiel acteur, ce brave Garibaldi ait consacré quelques instants à la cordiale petite lettre qu'il m'adresse en remercîments de la barrique de vin que je lui avais offerte. C'était, certes, la meilleure de mon cellier, et ce généreux vin de Faye mérite peut-être le « *veramente squisito* » dont Garibaldi lui fait l'honneur. Il n'a appris que tout récemment, par le docteur Riboli, que j'étais l'auteur de cet envoi anonyme.

Croyez bien que rien n'est plus légitime que l'affection révérencieuse dont je me suis épris pour Garibaldi. Comme le coryphée de la tragédie grecque, il est l'homme-nation, l'interprète et le type des aspirations et besoins de la race italienne : ce généreux garçon est le Pierre

L'Hermite de la croisade qui se meut là-bas entre les Alpes et l'Adriatique. J'en suis toutes les péripéties avec bonheur, parce qu'à mon sens, la Pentecôte se fait au sein d'un peuple que pareil élan révolutionnaire exalte, vivifie et guide. Les sages se complaisent à dénier aux Italiens les viriles et sérieuses qualités qu'exige le triomphe de leur cause. Les sages seront déçus : « *Paucis in diebus implevit tempora multa !* » L'éducation de ce grand peuple s'est faite et s'accomplit avec une merveilleuse rapidité, sous le faix même des dangers et ennemis communs, dont toutes les provinces italiennes ont eu à subir les efforts ou les menaces.

Donc, vive l'unité italienne ! Dieu, qui permet le mal pour en tirer un plus grand bien, aura eu pour instrument indigne en cette œuvre du progrès providentiel, les égoïstes calculs de certains hommes. — Par eux et malgré eux, le réveil dont la nation italienne a reçu le signal en 1859 va s'accomplir de nos jours avec une prestesse inouïe, une incomparable grandeur, une vitalité inespérée de tous.

Mais ce drame se complique de la question allemande, et là encore les sages seront déjoués. Tout ce que Thiers a dit du gouvernement prussien est vrai, et pareilles vérités étaient méritées aussi par l'apostolique empereur d'Autriche. Mais un profond et vivace travail sous-cutané s'est fait dans le corps entier de la nation allemande : je sens venir de là un souffle vivifiant d'aspirations révolutionnaires et j'attends les plus heureuses suites de l'ébranlement causé par les passions insensées des vieux gouvernements.

Le temps de l'Avulie à la fin est venu !

G. BORDILLON.

XLVI

A M. LE DOCTEUR GUÉPIN (DE NANTES.)

Montbenault, commune de Faye, par Thouarcé, 18 juin 1866.

Que de braves gens s'égorgeaient à cette heure il y a cinquante et un ans à la fatale bataille de Waterloo dont l'anniversaire m'est rappelé par la date de ma lettre !

Et à cette heure aussi peut-être (car je n'ai point encore mon journal de Paris) que de pauvres soldats, de généreux hommes sacrifient leur vie en Italie, en Allemagne, dans cette gigantesque guerre civile qui surgit entre les diverses provinces de la confédération européenne !

Dieu soit en aide à la cause italienne, et puisse la démocratie allemande se dégager du hideux conflit dynastique que ses empereurs, rois et principicules de tout degré ont l'imprudence de soulever ; que la civilisation moderne s'affirme et se délivre des limbes de la vie féodale! Les peuples aussi doivent avoir leur palingénésie. Les organes caducs de l'ancienne organisation féodale et théologique sont désormais sans fonction : une existence meilleure doit se créer un organisme mieux approprié à ses nouvelles destinées.

Je vous demande pardon, mon cher docteur, de parler ici une langue que vous parlez, vous, avec tout autre autorité et aisance que je ne le saurais faire ; mais j'ai le bonheur de croire qu'en politique comme en physiologie il va devenir vrai que « *les besoins font les organes.* »

Si le principe est vrai, je ne me sens besoin ni d'Henri V, ni de Bismark, ni de Benedek, ni de nombre d'autres vieux rouages de la vieille machine européenne.

Oh ! quel bon coup d'épaule je tenterais de donner à la cause de la révolution si j'avais encore mon *Précurseur de l'Ouest*, ou si j'étais député.

Adieu.

G. BORDILLON.

———

XLVII

A M. LE DOCTEUR CH. FOURNIER.

Juillet 1866.

Mon cher Fournier,

. . . .

. . . .

Pour ce qui est de la politique, des actes déjà joués du grand drame européen qui se développe sous nos yeux, de son dénoûment probable et de sa portée, c'est l'objet incessant de mes études.

17.

Chaque matin je me lève à trois heures et de-
mie, j'arrive à la gare avant le premier convoi,
et j'y achète un ou deux journaux.

De sept à dix heures, je lis *tous* les journaux,
autres que ceux achetés le matin. Entouré de
cartes, j'y suis et étudie pas à pas tous les récits
et les commentaires stratégiques.

Si votre cousin L... savait et comprenait bien
la bataille de Custozza, il monterait en chaire et
prendrait pour texte ces paroles si souvent citées : « *Felix culpa !* »

Il expliquerait à ses auditeurs quelle faute heureuse de stratégie a eu du moins cet inappréciable
résultat, de révéler à l'Italie et au monde entier,
la vigueur inattendue, à laquelle s'est élevée l'armée italienne.

A Custozza, les Italiens ont été braves et so-
lides comme pas un soldat d'Europe.

La révolution a été une vraie Pentecôte pour
ce généreux peuple. Elle vient de le transfigurer :
vous allez le voir à l'œuvre !

Quant à l'Allemagne... tous mes vœux sont
pour la Prusse, et tous mes vœux sont exaucés.

L'Autriche c'est le soudard au service de la fourberie, de l'hypocrisie, du despotisme.

Toute victoire des Prussiens contre cette infâme Autriche vient en aide à la révolution.

Derrière le caporal prussien et le féodal Bismark, je vois surgir un troisième acteur avec lequel il faudra bien compter, la nation allemande, cette Allemagne du Nord, savante, industrieuse, honnête, une des belles tribus de.la famille humaine.

Donc j'espère et je bénis Dieu !

G. Bordillon.

XLVIII

A MADAME GIRAUD-LESOURD.

Montbenault, commune de Faye, par Thouarcé, le 28 octobre 1866.

Ma bien chère dame,

Est-ce vous, membre de la société protectrice des animaux, qui me blâmerez de la publication

faite à mes frais ce matin, à l'issue de la messe
paroissiale en chacun des trois bourgs de Ra-
blay, Faye et Beaulieu ? On y a lu ce qui suit :

« M. G. Bordillon invite tous les chasseurs et
braconniers qui, munis ou non de permis de
chasse, se complaisent à dépeupler la contrée
d'oiseaux et de gibier, à s'abstenir, comme il le
fait lui-même, de chasser, en quelque temps que
ce soit, sur sa propriété de Montbenault.

« Il entend que son terrain soit un lieu de re-
fuge et d'asile pour les animaux qui, là du
moins, pourront vivre en paix à l'abri de toutes
poursuites.

« En conséquence il déclare que quiconque se
permettrait d'y venir chasser serait traduit devant le tribunal de police correctionnelle.»

Pour vous expliquer cette boutade d'emportement contre les sauvages qui exterminent à l'envi
toutes les pauvres créatures dont ce pays était
animé, embelli, vivifié, je dois ajouter que notre
contrée jouit à cet égard d'un triste privilége ;
aux tueurs indigènes patentés ou non patentés
viennent se joindre, vers la date où nous voici,

à l'issue des vendanges, une foule de nomades arrivant par charretées d'Angers, du Pont-de-Cé et
communes circonvoisines. Leurs voitures de toutes formes encombrent les portes et remises des
cabarets du pays; tous, après boire, s'abattent par
centaines, sur nos coteaux à toute minute et, sur
tout point, une fusillade incessante éclate durant
quelques jours de stupide carnage.

Je place une pierre, si modeste qu'elle soit, à
l'encontre des ravages de ce brutal torrent. Ai-je
tort?

G. Bordillon.

J'ai été impérieusement obligé de revenir à
Angers. Je ne puis accepter votre lettre d'invitation à aller vous rejoindre à Vandor.

Je vous félicite, ma bien chère dame; comme
Marie sœur de Marthe, vous avez pris la
meilleure part : vous contemplez la création à
son réveil, c'est la vraie façon « *d'écouter le Seigneur*» tandis que moi, sottement affairé comme
la Marthe de l'Évangile, je gaspille ma vie aux
vulgaires soins et soucis du ménage social.

———

XLIX

A M. MICHEL CHEVALIER, SÉNATEUR.

Angers, 14, rue Saint-Joseph, le 8 novembre 1866.

Mon cher ami,

Vous êtes un des *missi Domini* préposés par l'Empereur à la direction de l'enquête agricole; je viens à ce titre, vous répéter à vous aussi un *dire* que j'ai adressé à mon président du comice cantonal de Thouarcé, qui me convoquait à la réunion ayant pour objet de répondre à l'enquête ouverte en Maine-et-Loire.

Ce président de mon comice cantonal est, par parenthèse, mon très-honorable, mais très-dissident voisin de campagne, M. Théodore de Quatrebarbes l'ancien gouverneur d'Ancône, que j'aime singulièrement malgré ses erreurs cléricales et bourbonniennes, parce qu'il est le plus loyal et le plus charitable des hommes et qu'il me témoigne, en toute occasion, la plus affectueuse cordialité.

Or, ne pouvant me rendre le 2 novembre à l'enquête du comice cantonal, j'écrivais à mon brave président :

« Faites ressortir avec votre ardeur de bon vouloir et l'autorité de vos connaissances pratiques en agriculture, les besoins, les manquements, les espérances de la culture et des cultivateurs de notre contrée. Dites ce que l'agriculture laisse, hélas ! à désirer quant à ses méthodes, à ses bestiaux, à son outillage, à ses débouchés, à ses prix de revient.

« Mais laissez-moi dire aussi que l'homme ne vit pas que de pain, et que, pour large part, le fâcheux état de nos campagnes se peut attribuer aux mauvaises habitudes qu'on y inculque et fomente avec une satanique habileté.

« La sagesse des anciens, en sa sollicitude quasi révérencieuse pour la faiblesse de l'enfant et ses naïves ignorances, disait :

« Maxima debetur puero reverentia. »

« Dites que le paysan aux mêmes titres a droit à l'affectueuse sollicitude, au quasi-respect

des gens de cœur et qu'au rebours de ces respectueux égards que commande son ignorance
et sa faiblesse, on l'entoure d'incessantes et gros-
sières séductions.

« Dites que les boîtes de nos facteurs ruraux
crèvent sous le faix de ces immondes dépêches,
impudent appel à l'esprit de lucre et de convoitise, qui vont au plus modeste foyer de nos communes rurales, faire miroiter aux yeux du paysan l'appât du gros lot, du lingot d'or, des cinq
cent mille francs gagnés soudainement, sans
travail, par le favori du sort qui jouera aux
loteries autorisées par le gouvernement.

« Dites que les merveilleuses ressources de
notre organisation postale sont mises au service
des ignobles bénéficiaires de ces loteries, et que le
nom du gouvernement, invoqué à chaque phrase
de leur propagande, démoralise les populations
et déconsidère le gouvernement dans nos campagnes. »

Et à l'appui de mon *dire*, j'adressais au comice
toute une liasse de prospectus et de bandes d'a-
dresses, reçues par la poste chez nos fermiers,

pareils aux paperasses impudentes que je vous joins à cette lettre.

Donc je vous dis, mon cher sénateur, comme l'Esprit à saint Augustin : « *Tolle, lege et meditare !* »

Tout à vous,

G. BORDILLON.

———

L

A M. CARNOT.

Angers, 21 janvier 1867.

Mon cher législateur,

. . . .

. . . .

Mon impression est mauvaise à la lecture du *Moniteur* de ce matin, qui m'apprend la suppression de *l'adresse*, je la regrette : c'était une rafale d'air nous arrivant une fois l'an. . . . . .

Loin que le temps consacré aux débats de l'adresse fût un temps gaspillé, c'était de toutes vos journées législatives les mieux employées, et loin qu'à mon sens, « ce temps fût enlevé aux affaires du pays, » il était bénéficieusement consacré aux vraies et grandes affaires de la nation.

. . . .

. . . .

Remuer, changer le malade de lit témoigne qu'on sent le malaise de la situation. Je tiens donc le changement de ce matin pour un signe des temps. C'est un expédient auquel on a recours parce qu'il y a embarras.

Au reste, « l'esprit seul peut tout changer, » ce futile refrain du vaudeville de Beaumarchais, exprime en sens plus sérieux la plus solennelle des vérités : que l'esprit de la nation s'éclaire, se fortifie par de vieilles habitudes, se purifie, s'élève, s'ennoblisse. . . . .

. . . .

Le gouvernement d'un peuple est, en définitive, ce que comportent et méritent le caractère de ce peuple, ses croyances, ses habitudes et ses aspirations.

Donc, à défaut de l'enseignement national que donnait la discussion de l'adresse, concourons tous, chacun en la mesure de nos forces, à maintenir et propager les saines traditions de la Révolution française : « *In illâ vivimus, movemur et sumus.* »

A ce point de vue, je fais une part de ma tâche en installant pour nos ouvriers de carrière une bonne et saine bibliothèque populaire.

A ce point de vue aussi, vous faites œuvre pie en écrivant pour la *Bibliothèque utile* l'histoire de notre grand drame révolutionnaire.

A ce point de vue encore, je ferai bonne besogne peut-être, si, réalisant l'offre que j'en ai faite à votre ami Leneveu, je lui envoie *l'Histoire de la Vendée.*

Adieu.

G. Bordillon.

LI

A M. FRESLON.

Angers, le 9 février 1837.

Mon cher Freslon,

Notre ville vient d'avoir une solennité judi-
ciaire dont Jules Favre et M. Crémieux étaient les
lions, comme on dirait outre-Manche. Ils plai-
daient l'un contre l'autre un procès de testament
venant en appel du tribunal de Mamers. La foule
était aussi compacte que possible. Le professeur
de rhétorique du lycée avait eu l'excellente idée
de conduire tous ses élèves à cette admirable leçon
pratique d'éloquence du barreau, que Jules Favre
a donnée avec l'exquise perfection de langage que
vous lui savez toujours et partout. Il était difficile
de donner aux rhétoriciens, en regard de ce clas-
sique talent, l'image d'une autre façon de bien
dire plus dissemblable de la première que ne l'a
été la charmante plaidoirie de Crémieux. Ce ju-

vénile Nestor du Palais qui, en guise des souvenirs du siége de Troie a ses intarissables souvenirs du gouvernement provisoire, a parlé de sa cause, et accessoirement de toutes choses, avec la sagace et ravissante agilité de son esprit méridional.

J'ai passé deux soirées avec lui (Jules Favre était à la première), et je me suis senti splendidement rémunéré de l'effort que j'avais fait pour les venir voir, de quitter un des plaisirs dont je suis le plus friand : la taille de mes poiriers, que je vais aller reprendre.

G*** vient de me communiquer la copie d'une curieuse lettre adressée, il y a quelques semaines déjà, à M. Forcade par le jeune comte de Paris. G*** a cette copie, et, à l'occasion, vous ferez bien de la lui demander.

Le comte de Paris et le duc de Chartres doivent bénir Dieu des revers qui ont atteint leur famille ; ils leur ont dû une éducation d'élite qu'assurément ils n'auraient pu espérer au milieu des énervantes prérogatives et des adulations officielles, qui les auraient incessamment entourés si leur famille avait conservé le trône. J'ai lu plusieurs autres de leurs lettres, et je ne sache pas un père qui ne dût se sentir fier de tels fils. S'ils me trompent, tant pis pour eux ; mais ils m'ont joué un bon tour, celui de se concilier beaucoup d'affection, beaucoup d'intérêt dans mon vieux cœur de démocrate tout stupéfait que des fils de prince, et de quelle race ! des fils de Bourbon ! y surprennent pareil assentiment. C'est, qu'apparemment, en eux, la loyauté de leur noble mère a complété le legs d'habileté, de savoir et d'entente des choses de ce monde que leur a transmis leur sagace grand-père.

Ce que j'admire, ce qui quasi m'inquiète et suscite mes soupçons de révolutionnaire à leur endroit, c'est la mesure, la justesse modérée et pleine de sérénité de leurs appréciations et de leurs actes : conduite, paroles, tout me paraît irréprochable. Si cette allure est spontanée, ce sont deux braves jeunes gens ; si elle est calculée, ce sont deux redoutables gaillards qui m'inquiéteraient pour l'avenir autant qu'au premier cas ils m'agréent. Nous verrons peut-être, si nous sommes de ce monde encore, ces deux jeunes

hommes avoir grande influence sur les destinées
de l'Europe. Il faut reconnaître qu'ils s'y préparent un rôle avec habileté et dignité.

G. BORDILLON.

LII

A M. MICHEL CHEVALIER.

Angers, 9 février 1867,

Mon cher ami,

Le lundi 28 janvier, j'arrivais à Paris pour assister aux funérailles de mon vieil et intime ami
Freslon ; une dépêche télégraphique de Dufaure
était venue tout à coup m'apporter la douloureuse et très-inattendue nouvelle de sa mort qui
creuse, après tant d'autres déjà, un vide bien
profond auprès de moi ; Freslon avait été, depuis
bientôt un demi-siècle, mon intime compagnon
de vie intellectuelle et politique ; je ne vous

saurais dire quel navrant chagrin sa perte m'a causé.

Je n'ai voulu passer que quelques heures à Paris, et si peu prolongé qu'y fût mon séjour, j'aurais voulu à mon passage, pouvoir vous serrer la main. Vous étiez absent ; et le regret que j'ai éprouvé de ne vous pouvoir rencontrer se ravive aujourd'hui à la réception de la petite brochure que je reçois de vous.

Je vous remercie du bon souvenir dont elle m'apporte témoignage, de l'intérêt que j'ai pris à sa lecture, et tout spécialement du plaisir que vous me faites, en rendant si légitime hommage à mes amis d'Amérique, aux descendants des *pères pèlerins* du Massachusets. Vous citez là une des plus belles pages de l'histoire de l'humanité. Ces hommes admirablement *fils de leurs œuvres*, sont à mes yeux l'honneur, l'orgueil, le type de la race humaine. Je ne sais aucun lieu sur la terre, où elle se soit produite avec plus de dignité, de puissance, de grandeur morale et de bien-être.

Un seul trait manque à votre esquisse ; vous

auriez pu rappeler comment le tempérament robuste et sain de la société nord-américaine a vigoureusement triomphé de la redoutable crise qu'il vient de subir, et comment cette laborieuse et sagace population, organisée par et pour les travaux de la paix, a su soudainement satisfaire aux gigantesques efforts d'une guerre aussi imprévue que démesurément grave.

Placez souvent pareils exemples et si salutaires enseignements sous le regard de vos auditeurs. La France a grand besoin, hélas! de pénétrer tous ses enfants de l'esprit d'initiative et de leur donner les viriles habitudes du gouvernement de soi-même.

Prenez donc, à cette même fin, l'Allemagne du Nord pour objet de l'une de vos prochaines leçons. La victoire de Sadowa m'a donné des joies apocalyptiques.

L'Autriche était la clef de voûte du vieux monde, et c'est l'esprit moderne qui triomphe, quand s'écroule cette autre Bastille.

Puis toutes mes passions révolutionnaires bondissaient d'aise, à la vue de cette intelligente armée de l'Allemagne du Nord, dont les soldats étaient hier, et seront demain citoyens actifs, répartis en tous les cadres de la société civile ; tous sachant, par l'instruction commune en leur pays, ce qu'hélas ignorent en majorité nos compatriotes.

Mon cher impérialiste, je vous pardonne nos dissentiments politiques, si vous usez de votre légitime influence sur le gouvernement présent pour le rendre le meilleur possible, pour l'éclairer bien, en l'occurrence, sur cette question allemande, objet pour lui de si amers mécomptes et de si soucieuses anxiétés.

Faites-lui bien comprendre que la réorganisation de l'armée n'est que le petit côté et le petit moyen dont un vrai gouvernement se doit préoccuper pour mettre la France à l'abri de toute attaque et lui maintenir, en Europe, le noble rang qu'elle doit tenir.

Faites qu'on veuille, au lieu de *vouloir qu'on fasse*. Tant vaut l'homme, tant vaut la terre, dit-on avec raison : eh bien ! tant vaut l'homme, tant vaut la société ; faites des hommes, le plus

et le mieux hommes possible. Elevez les caractères et éclairez les esprits : *in hoc signo vinces !*
La France instruite et digne sera encore la fille
aînée des nations.

Adieu.

G. Bordillon.

LIII

A M. MICHEL CHEVALIER.

Angers, 28 avril 1867.

Mon cher et pacifique ami,

Vous avez comme moi horreur de la guerre et
spécialement de cette *guerre civile* qui menace
d'éclater entre notre généreuse France et cette
grande nation allemande, sagace, laborieuse, intelligente et loyale entre toutes les nations, celle
que j'aime et admire comme une des espérances
et des gloires de la civilisation moderne.

Vous avez comme moi horreur de la guerre,

et c'est de projets de guerre que je viens vous parler.

Depuis huit jours, à la campagne (d'où j'arrive et où je retourne ce soir même) la fièvre m'exalte, j'attends et lis mes journaux avec une juvénile anxiété que devrait m'épargner le millésime de ma naissance (26 frimaire an XII), et au lieu de surveiller les semailles de mes luzernes, je rêve et refais malgré moi la nouvelle carte de l'Europe dont me voici nuit et jour obsédé.

Si, en effet, Dieu permet que l'esprit de vertige, cette fois encore, pousse à s'entr'égorger les membres des États-Unis de l'Europe, que du moins cette dernière guerre soit efficace !

A mon sens, en voici les conditions suprêmes : *in hoc signo vinces!*

Les guerres du premier Empire ont été coupables et finalement désastreuses, parce que notre noble France, dévoyée de la tradition révolutionnaire, versait son sang pour rétablir aux Antilles l'esclavage des noirs, pour installer Jérôme sur le trône de Wesphalie, Joachim à Naples, Joseph à Madrid, Elisa à Piombino, créer tous ces apanages de princes, ducs, comtes et barons, enfants pervertis de la sacro-sainte Révolution française, imposer à Rome le titre dérisoire de département français et à Hambourg celui de chef-lieu des Bouches-de-l'Elbe.

A plus d'un demi-siècle de distance gronde encore contre nous dans le cœur des Allemands l'écho des légitimes colères de pareils abus de la force.

Comme Antée, la France est inépuisable, invincible, tant quelle touche au généreux sol de la justice, de la saine et vraie tradition nationale.

J'y fais retour! J'y fais appel, et la victoire y répondra!

En 1813, la célèbre proclamation du feld-maréchal Wrede électrisait l'Allemagne et débutait par ces paroles historiques :

« Que la France soit la France! et l'Allemagne l'Allemagne! »

Et Wrede, respectant nos limites naturelles, demandait que la France s'arrêtât à la rive du Rhin; son territoire était, disait-il, les 104 départements de la grande République.

Si la guerre éclate, il faut dès le premier jour la purifier, la sanctifier, la rendre irrésistiblement victorieuse en proclamant la nouvelle carte d'Europe qu'elle doit tracer. Vous aurez pour complices tous les hommes de cœur;

Pour ennemis, vous aurez le gouvernement prussien et le gouvernement russe; pour alliés assurez-vous les armes ou les vœux de tous les peuples d'Europe et, à cette fin, voici mon programme :

J'accepte celui du feld-maréchal Wrede ; mais je le modifie cependant vis-à-vis de la Hollande.

Qu'Anvers et la banlieue flamande soient remis à ce paisible, inoffensif et industrieux peuple Hollandais, dès lors plus de menace contre l'Angleterre. Anvers n'est plus qu'un grand port commercial, neutre et pacifique comme la neutre et pacifique Hollande.

La Finlande est restituée à la Suède, et la presqu'île Danoise au Danemark. La famille scandinave vous donne sa loyale et solide alliance.

La Hollande sauvegardée fait votre aile gauche

avec ses quatre-vingt-dix mille hommes et sa flotte.

L'Autriche reçoit la Silésie prussienne, terre demi-slave, demi-germaine, et complète sa confédération de peuples orientaux : c'est son rôle, son titre : *Autriche*, frontière de l'*Est* de l'Europe. En retour, elle restitue sa part du vol séculaire, et Vive la Pologne! Les trois tronçons de la Pologne sont enfin réunis! Quel cri de joie en Europe! Quel appui au service de la cause commune!

L'Italie reçoit la bande du Tyrol italien et deux cent mille de ses soldats viennent se ranger à nos côtés.

A ces conditions j'offre mon vieux corps au premier boulet de canon tiré par Bismark. Sinon, non!

G. Bordillon.

LIV

A M. CARNOT

Angers, 28 avril 1867.

Caveant consules ! Soyez sur le qui-vive, mon cher *représentant du peuple;* vous et vos trop peu nombreux amis au Corps législatif, soyez les interprètes des vœux, des anxiétés, des défiances trop légitimes de la nation dans ces graves occurrences.

Entre la France et l'Allemagne la guerre serait *une guerre civile.* . . . .

. . . .

. . . .

. . . .

Que les intrigues de ces ambitieux s'entre-croisent, soit encore! mais ne leur laissons pas le détestable triomphe d'intéresser les peuples à leurs querelles et de nous rendre acteurs et victimes de leurs débats.

L'odieux abus de la victoire que durant sept années d'occupations, de 1807 à 1814, les armées impériales ont fait subir à l'Allemagne, ont suscité contre nous, je le sais, des cris d'indignation dont, à plus d'un demi-siècle de distance, l'écho gronde encore dans les populations d'outre-Rhin. Les avanies subies, hélas! par nos départements envahis, n'excusent ni n'expient ces coupables folies du militarisme.

Mais la France est-elle solidaire de ces emportements de la soldatesque césarienne?

La sagace et laborieuse Allemagne, cette nation que j'aime et admire comme une des espérances et des gloires de la société moderne, va-t-elle s'éprendre de je ne sais quelles sottes passions princières et mettre sa puissance, sa richesse, son dévouement, quasi au service des traîneurs de sabre de Berlin?

Mon cher Carnot, vous avez mission et moyen de prévenir ce lamentable malentendu, ce conflit fratricide entre les deux États d'élite des États-Unis de l'Europe.

La guerre ne me fait pas seulement horreur

par cet aspect, elle m'inquiète encore quand je songe aux chefs sous lesquels le sang va couler et aux conséquences que leur victoire peut comporter contre la liberté et la dignité des citoyens.

Donc, de tous vos efforts, conjurez la guerre! Conserver la paix n'est pas seulement service suprême rendu à l'humanité, c'est aussi service suprême rendu à la cause démocratique; et pourtant c'est de guerre que je viens vous parler : depuis huit jours je suis obsédé par l'idée fixe du programme que cette guerre comporte si elle éclate en dépit de nos efforts [1]. . . . .

G. BORDILLON.

LV

A MADAME CH*** (ANDRÉ-LÉO).

Angers.

Ma bien chère dame,

Je vous remercie de l'intime joie que m'a causée

---

[1] La fin de cette lettre est la copie du programme politique exposé dans la lettre précédente.

votre lettre, et c'est par respect pour votre temps, dont vous faites si bon emploi, que j'ai résisté au plaisir de vous adresser les multiples réponses qu'à chaque moment elle m'inspirait, sortes de causeries mentales dont il aurait été par trop importun et quasi indiscret de vous assaillir. Pour vous répondre, j'ai voulu que devint certaine et arrêtée par un vote, une proposition sur laquelle je me permets de vous consulter.

Membre de la commission administrative des ardoisières d'Angers, j'ai pris part à la décision qui assure à nos trois mille ouvriers et à leur famille les soins gratuits d'un médecin et les remèdes au prix courant de la pharmacie centrale.

Puis, j'ai eu la bonne fortune de faire accepter un vote complémentaire de ces mesures, formulé comme suit : « Cinq cents francs sont destinés à l'achat de livres qui seront prêtés aux ouvriers blessés, malades ou convalescents. »

La commission m'a chargé du choix de ces livres, et je veux le faire *con amore;* je connais bien (mes fonctions de membre de la commission datent de 1852) les habitudes, mœurs et besoins intellectuels de nos pauvres ouvriers de carrière, et j'estime avoir *charge d'âmes* en faisant pour eux le choix de livres dont me voici chargé. Je consulte à cet égard mon vieil ami Carnot ; permettez-vous que je vous consulte aussi, vous qui représentez une génération nouvelle dont Carnot et moi sommes, hélas ! séparés par tout un abîme d'années. Comme type de choix à faire, je suis enclin à prendre les romans nationaux d'Erkmann-Chatrian (*le Conscrit de* 1813, — *l'Invasion,* — *Waterloo,* — *Madame Thérèse*). Intérêt dramatique, bon sens exquis, saines et vives traditions révolutionnaires, enseignement accompli de l'état des choses, des hommes et des mœurs en France aux dates et lieux que le roman met en scène. Nos paysans auxquels je prête ces petits livres *passent la nuit* à les lire à haute voix en commun. Nos ouvriers les dévoreront, je crois.

Je vous remercie tout spécialement de ce que vous me dites quant à la préface si malencontreusement accolée à la quatrième édition de ma défense d'Henri Arnaud, et j'aurais bien voulu écarter de vos yeux ce malencontreux appendice,

que j'apprécie comme vous, si j'avais eu un exemplaire des éditions précédentes. La brochure écrite
tout d'un trait était un cri spontanément arraché
à mes intimes souvenirs d'enfance. La préface,
au contraire, est l'écho affaibli, affadi de mille et
une répliques partielles qui (dans ce que je nomme
mes causeries mentales) avaient été suscitées durant trois mois par les très-multiples et très-dis-
semblables réponses manuscrites, imprimées ou
verbales, dont j'avais été assailli.

Pour ce qui est de l'*enthousiasme*, je ne puis,
ma noble et stoïque dame, acquiescer aux quasi
défiances et quasi dédains qu'il vous inspire,
croyez-vous. Vous vous méprenez sur vos propres appréciations. L'*enthousiasme* est un cri de
joie et d'assentiment qui, spontanément, s'élance
de l'âme quand le juste, le vrai, le beau lui apparaissent en leur divine splendeur.

Donc, laissez-moi *bénir Dieu !* c'est la langue
de ma jeunesse, vieille langue, que je ne puis ni
ne veux désapprendre, et quand dans la langue
algébrique de la génération nouvelle, vous dites,
vous, *je bénis le sort*, je ne puis, quand même,

croire qu'il y ait désaccord entre nous en religion comme en politique; je crois, j'espère, je sens que votre Dieu est mon Dieu, vos croyances mes croyances et vos aspirations les miennes !

Reste toujours, et à votre profit assurément, la distance des temps. Mes appréciations sont celles d'un des rares survivants d'une génération qui s'éteint. Les vôtres ont le juvénile caractère de la généreuse élite des nouveaux venus à la vie, qui possèdent le présent et préparent l'avenir.

Quel splendide spectacle que celui de la république américaine ! Si vous demeuriez à Angers, je ne pourrais me défendre d'aller gaspiller quelques-uns de vos instants pour deviser avec vous des joies et des espérances que me cause ce grand peuple. J'aurais mille et une autres causeries encore dont à grand'peine, chaque jour, je résisterais au besoin de vous rendre un moment confidente, par exemple, le *signe des temps*, que constitue à mes yeux la mort de Bixio, et avant-hier, celle de cet autre libre penseur sur la tombe duquel Jules Simon vient dire : « Ta vie et ta mort nous serviront d'exemple! » Rapprochez ce solennel engagement de la menteuse allocution du Premier consul aux curés de Milan. Si vous étiez à Angers, j'irais vous dire mes joies de vieux révolutionnaire à l'espoir de la chute en Espagne de la dernière branche des Bourbons, etc., etc.; Quelle bonne fortune pour vous d'être à l'abri de si importun visiteur !

Je serre la main de mon petit ami Léo et je lui conseille de *bénir Dieu* de vous avoir pour mère.

G. BORDILLON.

LVI

A M. CARNOT

Angers, 19 mai 1867.

Mon cher ami,

J'espère et désire bien en quelques jours aller une semaine ou deux durant, visiter moi aussi l'Exposition et, ce qui me fera plus de bien encore, vous voir, vous et le petit nombre de mes vieux amis qui me restent encore en ce monde à Paris. Mais je ne puis ce soir résister au plaisir de causer un moment avec vous.

Deux publications interdites, que depuis longtemps vous devez connaître, viennent de m'être communiquées par un de mes amis revenant d'un voyage en Belgique. . . . .

Par respect, par coquetterie pour la démocratie, par révérencieuse affection pour le grand nom de république, je regrette que Maximilien ait été fusillé. Il le méritait assurément en souvenir de son brutal décret du 3 octobre 1865, mais la générosité vaut mieux que la justice. Il fallait tuer l'empire en graciant cet empereur de pacotille importé au Mexique.

Vous ne saurez jamais combien m'accable la mort de Freslon ! Ce cher et vieux compagnon de ma vie laisse un vide inexprimable dans Paris pour moi. Je ne comptais pas lui survivre.

G. BORDILLON.

P. S. Je vais, je crois, tenter ma troisième et dernière étape de journalisme. En mai 1830, avec

Freslon, je me constituais rédacteur gratuit et quotidien du *Journal de Maine-et-Loire*. Chassés par la réaction bourgeoise au bout de deux ans, nous fondions, Freslon et moi, dix années plus tard *le Précurseur de l'Ouest;* je m'enrégimente, vieil invalide, pour une troisième et dernière campagne. Nous allons fonder ici *l'Ouest*. Je serai un rédacteur *d'outre-tombe* appréciant les faits et les hommes de 1867 avec mes croyances de 1789. Mais, Freslon n'est plus là !

APPENDICE

NOTICE NÉCROLOGIQUE SUR G. BORDILLON

PAR ANDRÉ LÉO.

Plusieurs amis de Bordillon, s'inspirant de leur affection et de leurs convictions, ont redit la mission qu'il a remplie. Je reproduis les lignes, pleines de cœur et d'éloquence, qui lui ont été consacrées par l'un d'eux.

E. S.

EXTRAIT DU JOURNAL *LA COOPÉRATION*

(11 août 1867.)

Il vient de mourir, en Maine-et-Loire, un homme chéri particulièrement des classes populaires et dont la mort est un deuil, non-seulement pour la ville d'Angers et pour le département, mais pour toute la démocratie. Il y a parmi elle peu d'hommes marquants, dans cette période qui s'étend de 1820 à 1852, qui ne regrettent en Grégoire Bordillon le plus charmant des amis et le meilleur des républicains.

Il avait, avant la révolution de Février, affirmé ses convictions dans *le Précurseur de l'Ouest*. Nommé commissaire de la République, il fit aimer son pouvoir, même de ses ennemis. Je parle de ceux de la République. D'ennemis, Grégoire Bordillon n'en eut jamais. Il aimait fraternellement tous les hommes, et le leur faisait sentir par une aimable cordialité. Souvent railleur, il savait l'être, sans perdre l'accent de la bonté et de l'indulgence. Il ne voyait chez ses adversaires, même chez les plus coupables, que des gens qui se trompaient, et il résolut ce problème d'aimer fortement sans pouvoir haïr, d'être à la fois tolérant et enthousiaste. Il se livrait à l'admiration avec une telle joie, il était si heureux d'approuver les autres, de leur découvrir des qualités, des vertus, que je me demandais quel sens pouvait avoir pour lui ce vilain mot de la langue humaine : jalousie. Spirituel, élégant, instruit, nourri surtout de l'histoire de la Révolution française, il aimait à se répandre et causait avec un charme infini. Sa parole était une propagande continuelle de bon sens, de justice, de vérité ; prenant à partie les erreurs les plus robustes et les sermonnant, tantôt avec sérieux, tantôt avec ironie ; simple dans ses manières et dans ses habitudes ; fraternel sans effort, par sens intime du vrai, avec ceux que les mœurs sociales nommaient ses inférieurs, bienfaisant de cœur et de volonté, bienfaisant avec le respect des malheureux.

Je l'ai entendu rappeler, en *bonne compagnie*, sans la moindre affectation d'ailleurs, et fort à propos, qu'il était le petit-fils d'un meunier ; et peut-être le dit-il de même, si l'occasion s'en présenta, au *président* de la République, lorsqu'il dut, comme préfet du département, le recevoir, et qu'il se plut à lui montrer, sur un sol autrefois ensanglanté par nos guerres civiles, les traces de l'héroïsme républicain. Nul plus que lui, en pareille circonstance, ne pouvait savoir être à la fois *digne* et courtois. Il résigna ses fonctions dès que l'honneur le lui commanda, refusa des faveurs qui lui furent offertes, et s'occupa, dès lors, d'industrie et d'agriculture. Il devint membre du conseil d'administration des ardoisières d'Angers, dans la compagnie des Grands-Carreaux, la seule qui possède une école laïque, et tout dernièrement, il venait d'obtenir de cette compagnie la fondation d'une bibliothèque pour les ouvriers.

Un jour que nous visitions ensemble les ardoisières, il me raconta une aventure que je veux rapporter, parce qu'elle peint vivement la sincérité de ses sentiments démocratiques.

Un touriste anglais, un *sir* quelconque, aristocrate comme on ne sait l'être que dans ce pays, dit de liberté, vint pour visiter les ardoisières et fut conduit en présence de M. Bordillon, vêtu du costume qu'il portait d'ordinaire au milieu des ouvriers, gros souliers et blouse de toile. De suite, avec sa cordialité naturelle, M. Bordillon s'empare de l'étranger, le promène, lui montre et lui explique tout avec une lucidité parfaite, avec une complaisance inépuisable. L'Anglais ne connaît pas assez bien notre langue pour apprécier le choix des expressions et la distinction de la parole ; il est émerveillé de cet ouvrier si bien appris ; mais à son costume, et peut-être aussi à l'absence complète de toute morgue et de toute roideur, il ne le tient cependant que pour ouvrier, suppose tant de complaisance intéressée et, finalement, en se séparant de son cicerone, lui présente une pièce de 5 francs.

Un sot (il y a des gens d'esprit qui le sont parfois) se fût montré blessé. M. Bordillon ne sourit pas même et répondit simplement : « Je vous remercie, monsieur ; *nous* ne recevons rien ici. Je suis charmé de vous avoir été utile. »

— Vos ouvriers ont un remarquable esprit et caractère, dit, en sortant, au directeur des travaux, l'Anglais ébahi.

Le directeur l'informe de sa méprise et voilà le gentleman éperdu et désolé. Quoi ! il a pu traiter ainsi un homme considérable, un ancien préfet, un homme du monde ! Il se rend le lendemain chez M. Bordillon et lui adresse des excuses interminables, que son hôte ne parvient point à arrêter par l'assurance qu'il n'a pas été blessé.

— Monsieur, répète l'excellent et sincère démocrate, l'injure n'existe absolument que dans votre esprit ; je n'ai pas été humilié de votre méprise. Je tiens pour honorable entre tous le rôle de l'homme qui vit quotidiennement de son travail, tandis que la profession de rentier n'est pas, au contraire, sans m'inspirer quelques doutes et quelques scrupules.

— J'eus beau faire, ajoutait mon ami, je ne pus convaincre l'Anglais, ni lui faire comprendre mon sentiment, et pris le parti de lui parler d'autre chose. Il me quitta enchanté d'avoir découvert un homme du monde, et surtout un préfet dans un ouvrier.

Grégoire Bordillon, à 63 ans, avait le même cœur, le même esprit, les mêmes convictions, la même vivacité que dans sa jeunesse. Grand, et robuste d'aspect, on lui eût prédit de longs jours. Il a succombé debout, en pleine vie active, à sa campagne, par la rupture d'un anévrisme. Si heureux qu'il fût dans son intérieur, et par l'amitié ; si fortement qu'il réagît, les temps, au lieu de le soulever, pesaient sur lui. Dans sa correspondance, si colorée, si énergique, il épanchait souvent bien des dégoûts et bien des colères...

Ma plume irait loin en parlant de ce noble cœur, de ce charmant esprit, de cette délicatesse parfaite, de cette vie si pure.

André Léo.

PARIS — IMP. SIMON RAÇON ET COMP., RUE D'URFURTH, 1.

PARIS. — IMP. SIMON RAÇON ET COMP., RUE D'ERFURTH, 1.

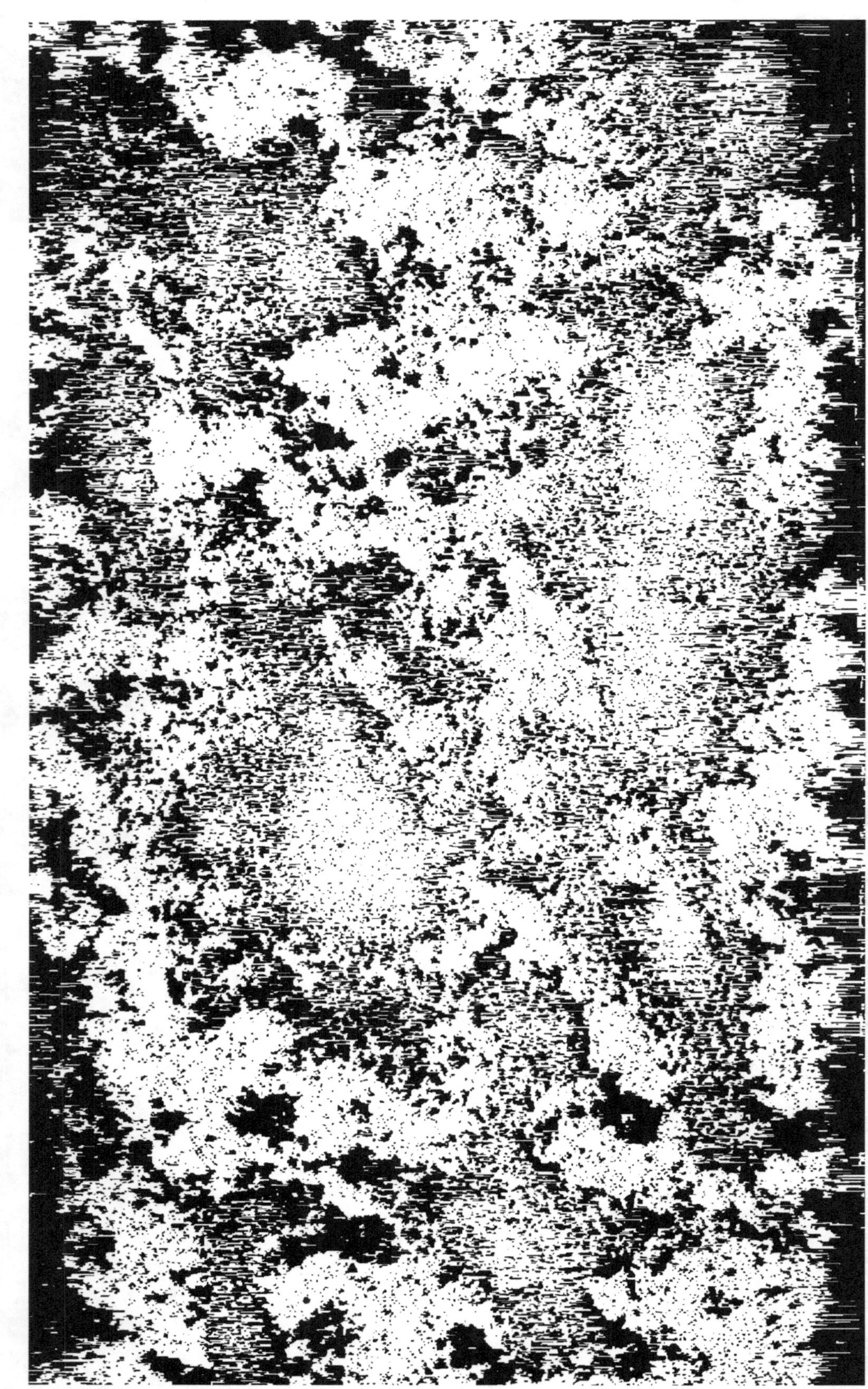

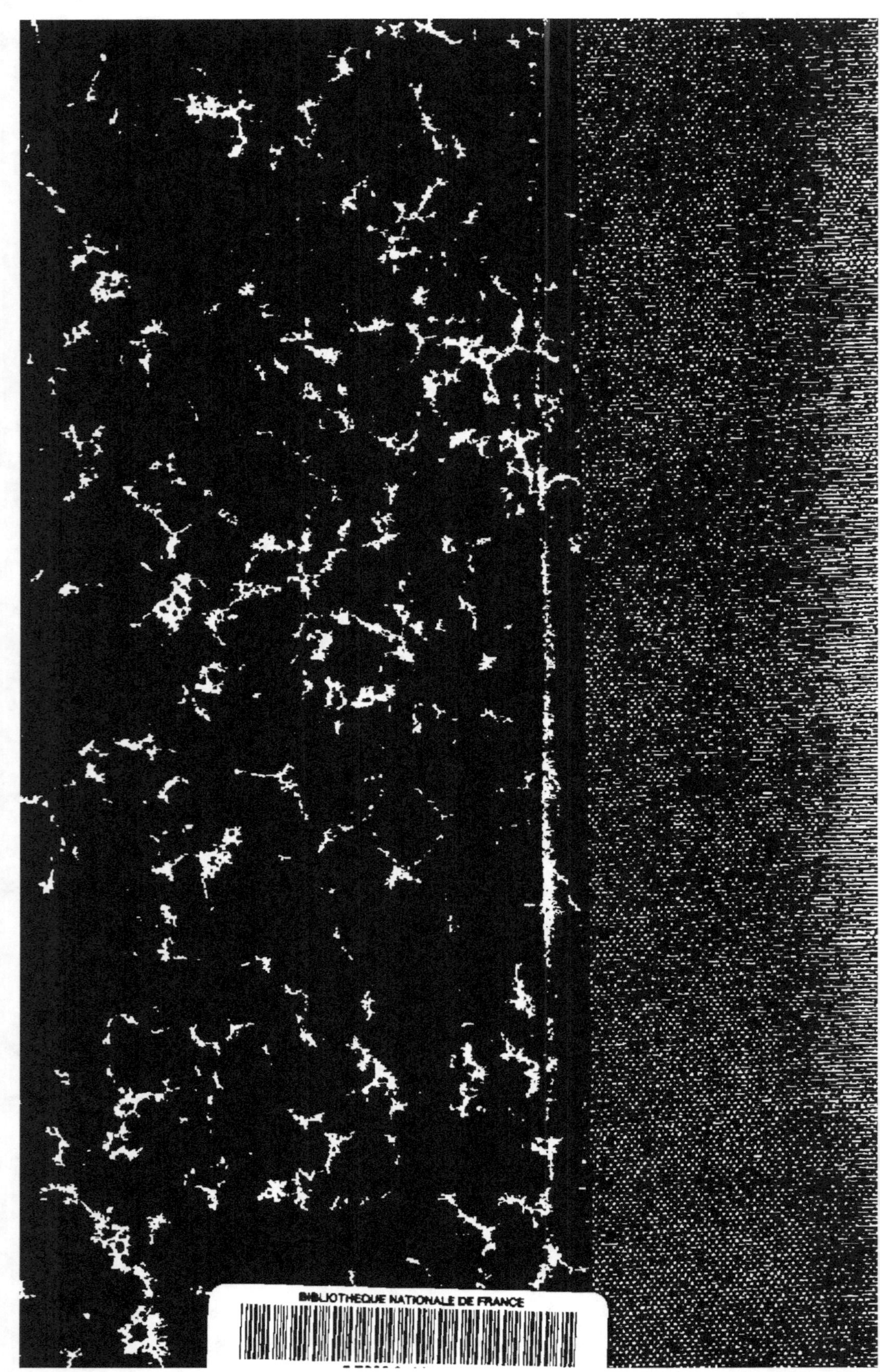